프로바둑강좌/중급이상 5

끝내기에서 이겨라

10단 坂田栄男 지음

프로바둑 연구회 편

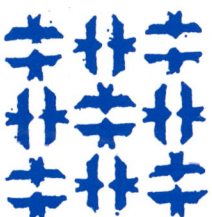

도서
출판 眞華堂

프로바둑강좌 · 중급이상 ⑤

끝내기에서 이겨라

10단 坂田栄男 지음
프로바둑연구회 편

도서
출판 眞華堂

승부는 끝내기다

　웅대한 구상을 전개하는 초반, 혼신의 힘을　나타내야 하는 중반, 종반은 사무적인 전후의 처리로 나타남을　볼 수 있다.

　종반은 한판의 바둑이 마지막 클라이막스를 향하여　가는, 돌의 생사나, 집의 대소 등에 의하여 승패가 나는 쌍방 최후의 코스다.

　한 수 한 수의 효과가 맥점을 알고 실력을 배증시킨다.

　쌍방 최선의 접전에 대해서 살펴보기로 하고 접전의 도에는 ☆표로 나타내었다.

　세련된 맥은 예술품으로 승화가 될 수 있음을 항상　생각해 보자.

저 자 씀

차 례 *

서 장

바둑은 끝내기다

바둑은 「큰 곳에서부터 둔다」는 것이 원칙이다. 즉, 최초의 한 수에서 최후의 한 수인 가장 적은 곳 등을 열거할 수 있는데 한 수의 가치가 증폭을 가짐을 알 수 있다.

어쨌거나 바둑은 큰 곳에서부터 순서대로 두는 것이 원칙이다.

1. 끝내기

끝내기는 잔국(殘局)이니 수속(收束)이니 침분(侵分) 등으로 여러 가지의 책에서 설명을 하고 있다.

바둑의 승부는 집의 크기로 결정을 하는 것이지만 종국에 가서는 상호의 계산의 좋고 그름에 따라 판가름이 나는 것이 당연하다고 하겠다.

한 판의 바둑에서는 초반의 싯점에서는 개략 20집 정도가 큰것임을 볼 수 있다.

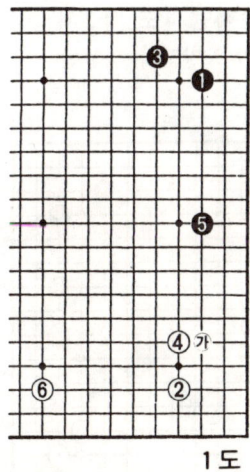

1 도

포석도 끝내기

부분적인 모양에서 전국적인 구성을 항상 염두에 두어 형세 판단을 하여야 한다.

1 도 흑 1 의 소목으로 귀를 선행, 흑 3, 백 4 는 20집 강한 수. 흑 3 으로 ㉮ 는 4 의 붙임. 흑 5, 백 6 이 크다. 20집강이다.

■ 중반전도 끝내기

중반전에는 집의 대소보다는 돌의 생사가 크게 작용한다. 그것은 중반전의 한수 한수는 돌의 생사와 직접 관계되기 때문이다. 중반전에는 끝내기의 선수와 손익계산의 비교가 필요하다. 실로 면밀한 계산이 필요하다.

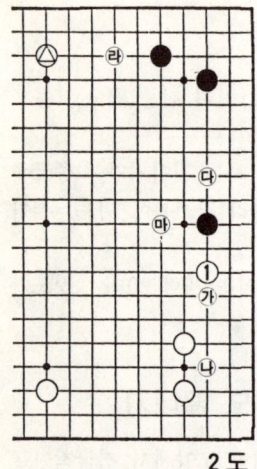

2 도 백 1 의 벌림도 20집강이다. 반대로 흑이 ㉮로 벌린 다음 ㉯의 들여다봄에는 귀가 크게 우그러지는 수가 생긴다. 백 1 로 ㉱의 곳을 두는 것은 백△표한 점을 보강하는 의미가 있다. 백 1 은 ㉣의 침입을 겸한 수이다. 백 1 로 ㉲의 곳을 씌움도 있다.

3 도 흑 1 이하 8 까지. 정석 수순중 흑 7 이 큰곳이다. 만약 이곳을 손빼면 4 도 백 2 의 붙임 인데 우변의 발전이 역전된다.

2 도

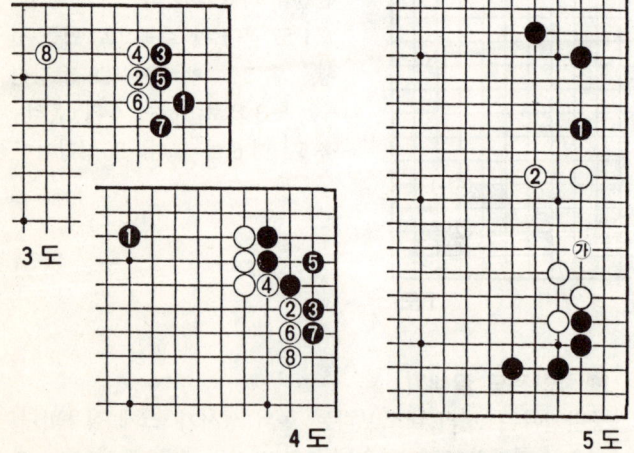

3 도

4 도

5 도

5 도 흑 1 은 ㉮의 곳을 침입하는 수도 노리고 있다. 20집 강의 수. 흑 1 에 대하여 백 2 의 지킴.

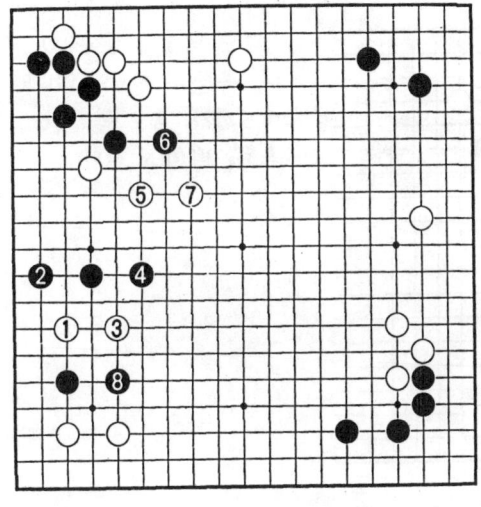

실전보 1 (1—8)

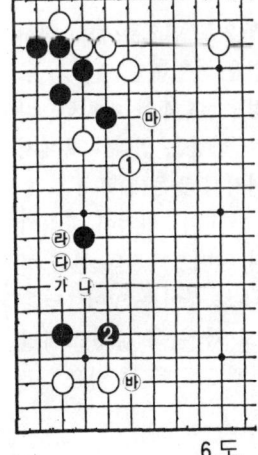

6 도

실전보 1 전투의 일례를 표시
하였다. 수순중 흑 4 가 계산을
필요로 하는 장면이다.

6 도 시기를 보아 백 1 로 나가
면 흑 2 의 수비. 우변 상하가 30
집으로 백 ㉮의 침입에는 흑 ㉯,
백 ㉰, 흑 ㉱로 공격을 한다.

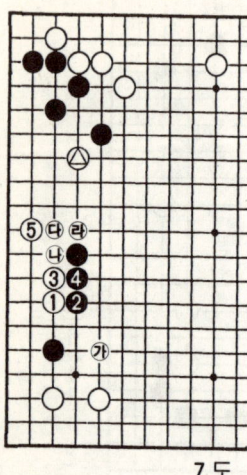

7 도

7 도 백 1 이 상식적인 수법이다. 흑 ㉮의 지킴이 없다면 흑 4, 백 5 까지. 흑 2 로 ㉮는 백 ㉯, 흑 ㉰, 백 ㉱로 된다.

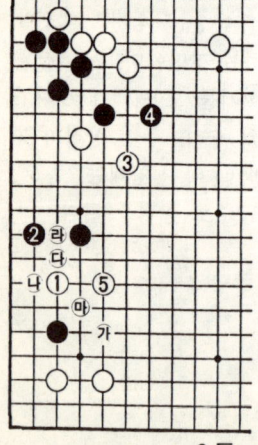

8 도

8 도 흑 2 로 밑으로 한칸 뛰어서 건너감을 차단하면 백 3 의 날일자가 정수. 흑 4 를 교환한 다음 백 5 로 한칸을 뛴다. 흑에서 변화의 여지가 많은데 흑 4 로 6 도의 ㉮, 백 1 의 한점이 활력이 있어 좋지 않다. 백 5 의 한칸 뜀에는 흑 ㉯로 붙이는 맛이 남는다. 반대로 백 ㉰, 흑 ㉱면 스케일이 크다. 백 5 로 ㉲는 작은 곳이다.

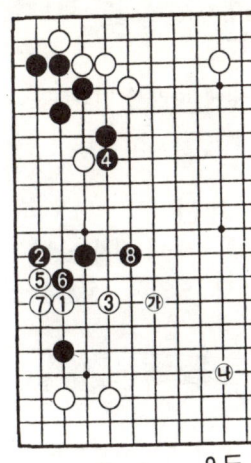

9도 단순히 백3으로 뛰는 것
은 흑4의 누름이 있다. 흑8까
지 된 다음 ㉮와 ㉯가 맞보기.
장기전에서 일장일단이 있는 곳.

9 도

실전보 2 백1이하 서로 중앙
으로 진출하여 난전이다. 일단락
이 된 모양이지만 돌의 생사는
어찌될까?

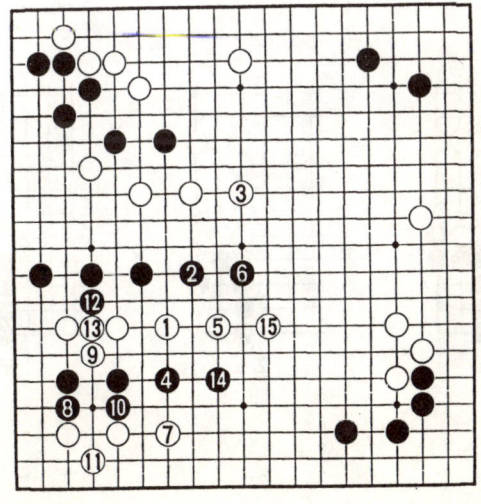

실전보 2 (1—15)

2. 끝내기의 계산

몇집이나 될까? 여기서는 서로의 수단에 따라서 변화하는 모양을 나타내고자 한다.

■나가고 들어오는 맞보기 계산

끝내기에는 맞보기의 계산법이 등장을 하는데 전자는 '수' 의 계산법이고 후자는 '집'의 계산법이다. 나가고 들어오는 것은 몇집이나 될까?

1도 흑1, 3 의 젖힘은 후수 2집. 그결과 흑집이 6집, 백집이 5집.

2도 반대로 백이 1, 3으로 젖히면 흑이 5집이고 백이 6집이 된다. 그래서 **1도**와 **2도**의 끝내기는 후수 2집의 끝내기라고 한다.

3도 그냥 내려서는 수는 6집의 맞보기이다.

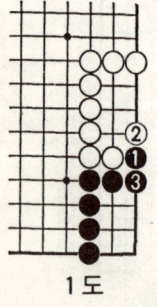

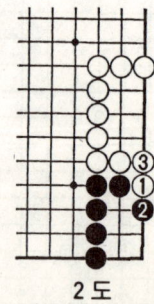

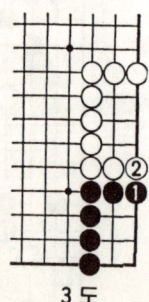

1 도 　　　　　　 2 도 　　　　　　 3 도

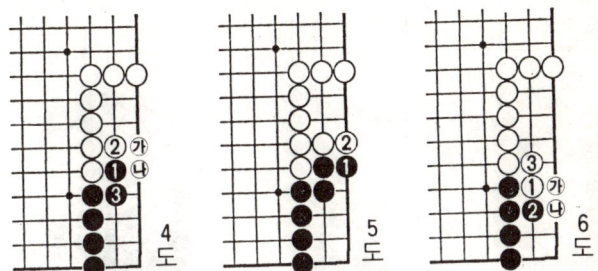

4도 제2선의 젖혀이음을 생각할 수 있다. 흑1, 3으로 두는 것이 그것이다. 흑이 ㉮의 곳을 젖힐 기회나 백이 ㉯의 곳을 젖힐 기회는 반반이다.

5도 다음에 흑1로 내려서면 백도 그냥 내려선다.

6도 4도에서 백이 먼저 두면 1, 3의 젖혀이음이다. 다음에 백㉮, 흑㉯로 되는데 5도와의 비교에서 큰 차이가 난다. 후수 6집 끝내기.

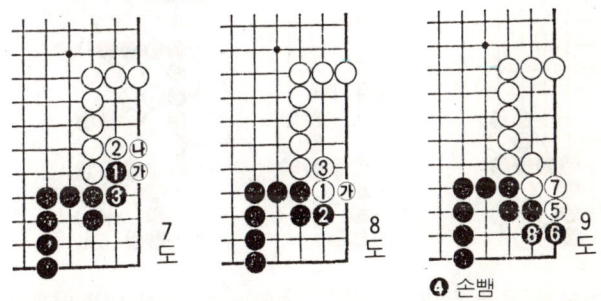

4 손뺌

7도 흑1, 3의 젖혀이음. 4도와 같은 형태가 된다. 이 모양은 ㉮와 ㉯가 맞보기이다.

8도 백이 먼저 두면 백1, 3의 곳. 흑㉮의 젖힘은 후수이다.

9도 다음에 흑이 손을 빼면 백이 5, 7로 선수 행사를 하는데 이것은 백의 권리이다. 이것은 8집 끝내기이다.

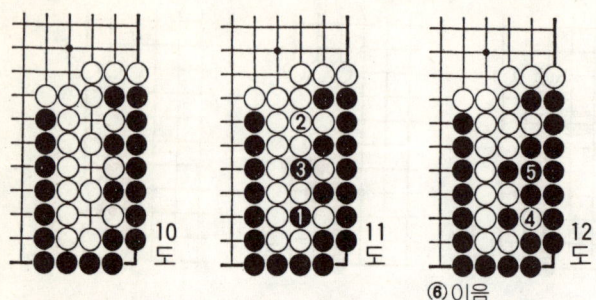

10도 패가 난 형태에서 계산하는 방법으로 패가 3 곳이다.

11도 백이 다른 곳에 두면 흑이 이렇게 둘 자리.

12도 백 4 로 선패를 반발하면 흑 5 로 잇는다. 결국 흑의 이득은 11도의 흑 3 다음 12도 의 흑 5 로 잇는 점이다. 한집 득이다.

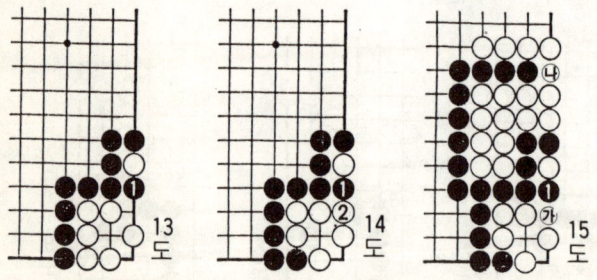

선수와 후수 끝내기의 선수, 후수는 전국적인 대세와 관련 짓지 않을 수 없다.

13도 흑 1 은 알기쉬운 후수 1 집.

14도 이 모양에서는 흑 1 은 강제적인 선수 1 집이다.

15도 이런 모양에서는 흑이 1 로 두면 ㉮의 곳을 잇지 않 고 ㉯의 곳을 둔다.

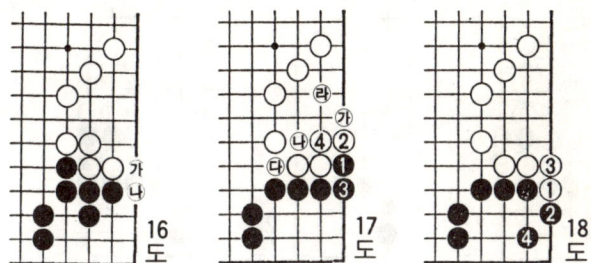

16도 흑이 ㉮의 곳 젖힘은 후수. 또 백이 ㉯의 곳 젖힘도 후수이다. 그래서 이런 곳은 후수 2집 끝내기

17도 이런 곳은 양선수로 되는 곳이다. 백 4를 손빼면 흑 4, 백 ㉮, 흑 ㉯, 백 ㉰, 흑 ㉱로 된다.

18도 백이 시기를 보아 1, 3으로 젖혀 잇는다.

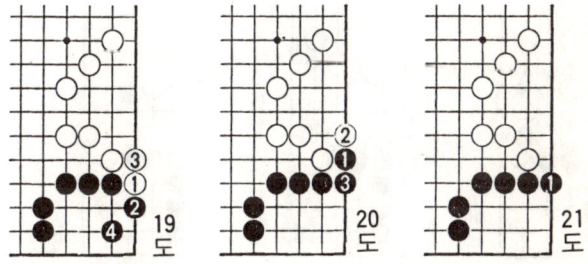

19도 이런 모양에서는 한쪽 선수이다. 당연히 백 1, 3의 젖힘은 선수이지만……

20도 흑 1, 3은 후수 끝내기. 전도와 비교하여 역끝내기 3집의 곳이다. 그러니까 6집에 해당하는 곳이다.

21도 그래서 흑은 1의 곳을 내려선다. 이것이 정형이다.

18

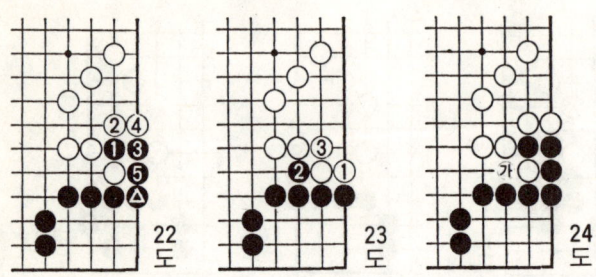

22도
도

23도
도

24도
도

22도 같은 후수이지만 흑▲ 표로 두는 것은 나중에 흑1로 붙이는 맥점이 있다.

23도 백1이 두면 내려선다. 그러면 흑2에 백3.

24도 ㉎의 곳은 흑백 반반의 권리. 22도와 23도에서는 실질적으로 2집, 19도에서는 흑집이 2집이 늘고 21도에서의 흑1은 역선수 4집의 끝내기이다.

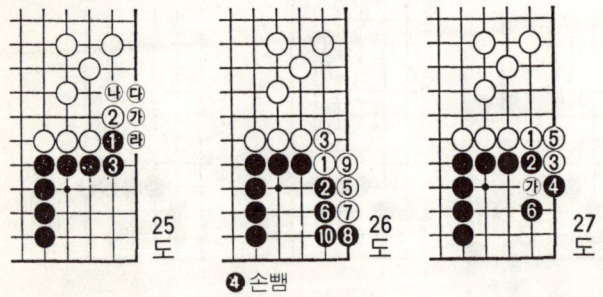

25도
도

26도
도

❹ 손뺌

27도
도

25도 흑1, 3의 젖혀 이음은 흑㉎, 백㉏가 흑의 권리. 백㉐, 흑㉑가 백의 권리.

26도 반대로 백1, 3은 5이하 백의 권리. 전도와의 차이가 12집이다.

27도 백1로 내려서는 것은 흑2이하로 지켜 25도와의 차이가 선수 7집 후수 12집 차이이다.

제1장

큰 끝내기의
큰 기술

바둑의 최종목적은 상대방의 집수보다 우위에 서는 것이다. 편의적으로는 포석에서 전투 끝내기에 이르기까지 이것은 이기기 위한 최종 목적의 과정이다. 포석에서 큰곳을 두고 중반전에서 싸움으로 인한 득을 얻고 그리고 끝내기에서 큰 끝내기의 기술을 도입한다. 큰 끝내기의 기본은 제2선의 젖혀이음이다. 또한 돌을 이용하는 방법이 큰 끝내기를 하는 기술이다.

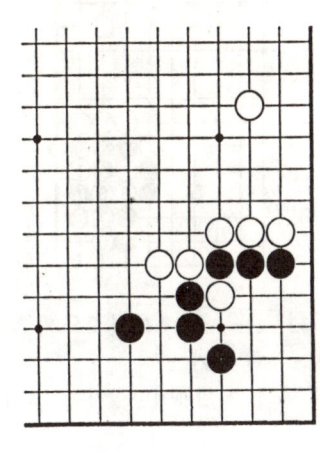

귀의 흑 진영
에 대하여 중반
전 이후 큰 끝
내기가 기다리
고 있다. 어디
다 두어야 할
까?

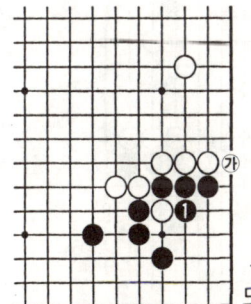

1 도

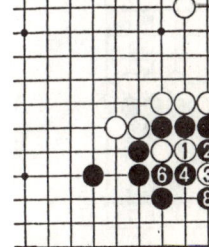

2 도

1도(흑이 선수라면) 흑이 선수라면 이렇게 두는 모양의 자
리다. 다음에 흑㉠의 젖힘이 남는다.

2도(직접 움직임) 백1로 직접 움직이는 것은 7까지 건
너갈 수 있다. 이것은 1도와의 6집 차이다. 허나 끝내기의
맥을 모르는 대악수이다.

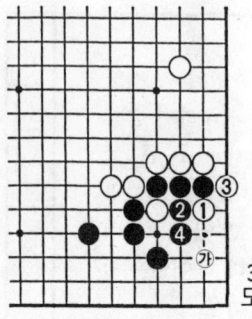

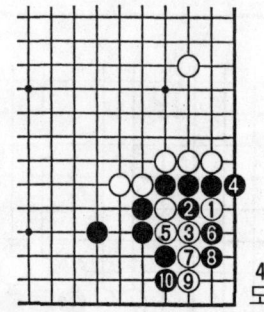

3도 (속맥) 백1로 껴붙이는 것은 이하 4까지 2도와 별로 차이가 없다. 백이 ㉮의 곳을 두면 패가 난다.

4도 (무리) 백3의 단수에 흑4는 실패이다. 이하 10까지 백이 안된다.

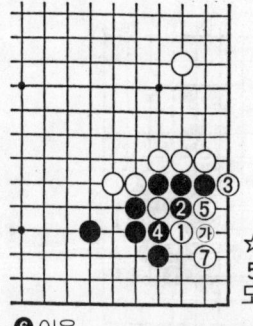

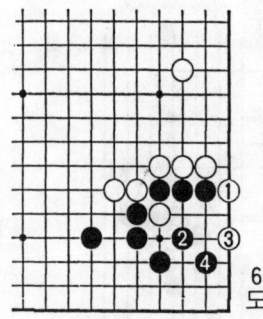

❻이음

5도 (그물의 맥) 백1의 마늘모가 멋진 그물의 맥점이다. 1도와의 차이는 20집 이상이다. 흑4로 5는 백㉮로 손해이다.

6도 (급소) 백1로 젖히면 흑은 2의 급소에 둘 수 있어 안전하다.

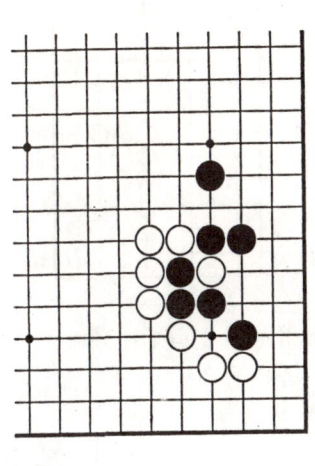

흑의 자충을
이용하는 수를
생각할 수 있
다. 어떤 끝내
기가 있을까?

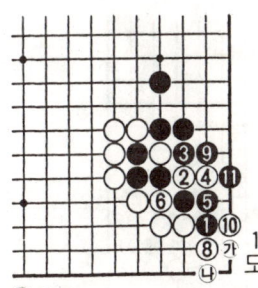

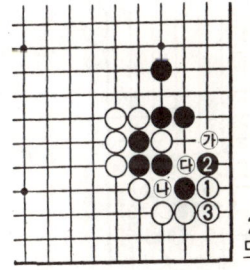

❼이음

　1도 (흑이 선수이면) 흑1로 젖힌다. 백1의 단수에서　11
까지. 흑1로 5의 곳을 내려서는 것이 냉정하기는 하다. 흑
1, 백8 다음 흑㉠, 백㉡ 흑의 권리.

　2도 (젖혀이음) 백1, 3의 젖혀이음이 있다. ㉠의 맛이 남
아있어 엷어 보이는 형이다. 백3으로 ㉯의 단수는 ㉢로 이
어 좋지 않은 모양이다.

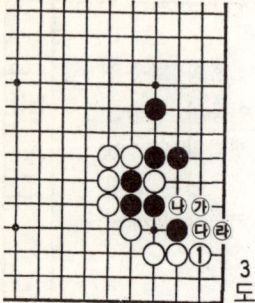 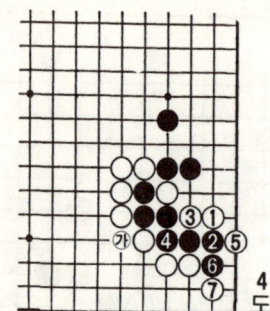

3도(발이 늦다) 전도의 젖힘 대신에 백1로 내려섬은 다음 ㉮와 ㉯의 곳이 맥이다. 흑이 ㉰의 곳을 내려서면 백㉱의 젖힘이 선수이지만 어딘지 발이 늦어 보이는 곳이다.

4도(맥) 백1로 습격하는 것은 이하 백7까지 된다. 그러나 ㉮의 곳 단점이 남아 불만이다.

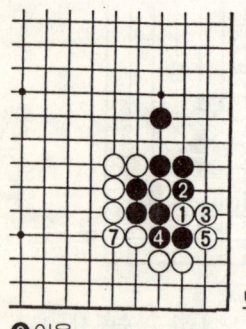 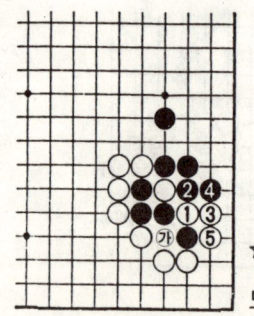

❻이음

5도(자충) 백1의 단수가 급소, 다음 7까지 된다.

6도(쌍방 최선의 수순) 흑이 4의 곳을 내려서면 백은 5의 곳을 둔다. 흑은 ㉮의 곳을 잇지 못한다. 17집이 득이다.

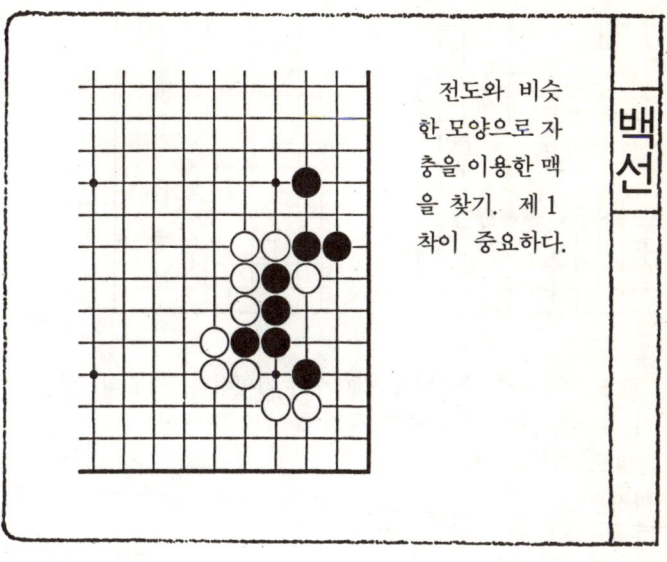

전도와 비슷한 모양으로 자충을 이용한 맥을 찾기. 제 1 착이 중요하다.

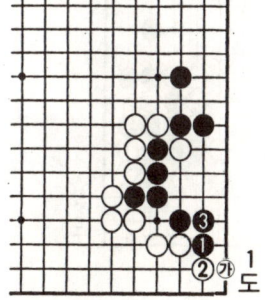

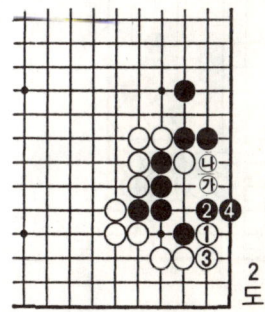

1 도 (흑이 선수라면) 흑이 1, 3 으로 젖혀 잇는다. 다음 ㉮ 의 젖힘이 권리이다.

2 도 (후수) 백이 평범하게 1, 3 으로 젖혀 이으면 흑은 2, 4 로 지킨다. 4 를 손을 빼면 백 ㉮, 혹 ㉯로 된다.

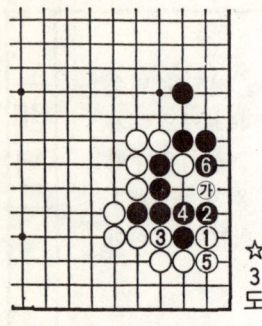
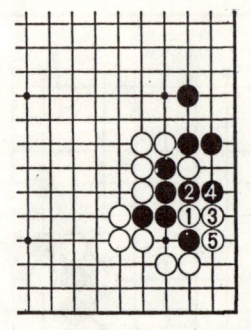

3도

4도

3도 (기민한 단수) 백 3의 단수가 기민하다. 백 5의 이음이 선수다. 흑이 손을 빼면 ㉮의 붙이는 수가 남는다.

4도 (껴붙임) 백 1의 껴붙이는 수가 유력하다. 이하 백 5까지 —.

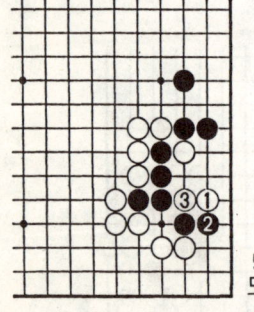
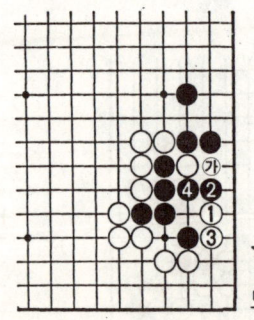

5도

6도

5도 (치중의 맥) 백 1이 치중의 맥으로 흑 2로 차단할 수 없다.

6도 흑 2로 붙여서 4의 이음까지. 이 모양은 1도와 13집반의 차이가 나는 수치다. 흑 2로 4, 백 2, 흑 ㉮, 백 3으로 이것은 후수 19집반의 큰 끝내기이다.

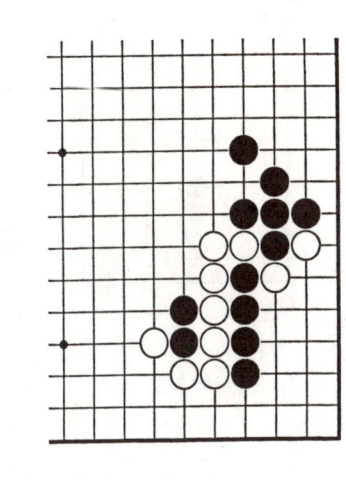

흑의 복판에 백돌이 놓여 있다. 백은 어떻게 두어야 할까?

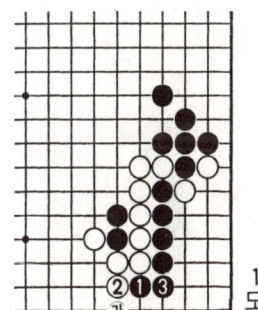

1도

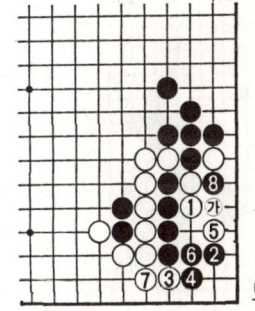

2도

1도 (흑이 선수이면) 흑은 1, 3 으로 젖혀 잇는다. 나중에 ㉮의 젖힘이 선수.

2도 (안쪽은 무리) 백 1 로 움직이는 것은 흑 8 의 끊음까지 무리이다.

28

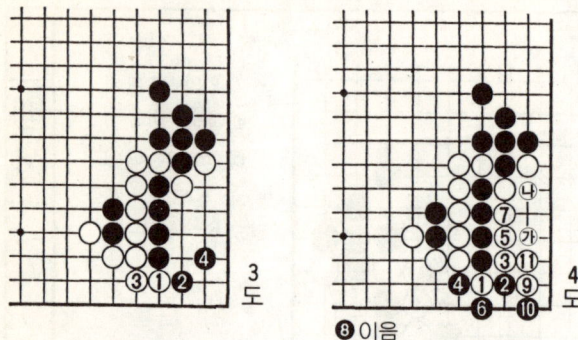

3도(젖힘) 백이 1, 3으로 젖혀 잇는 것이 선수 9집.

4도(싸움) 백3의 끊음이 예리하다. 백5로 6의 내려섬이 맥이다. 흑2는 잘못이다. 흑4로는 5, 백11, 흑㉮, 백9, 흑㉯.

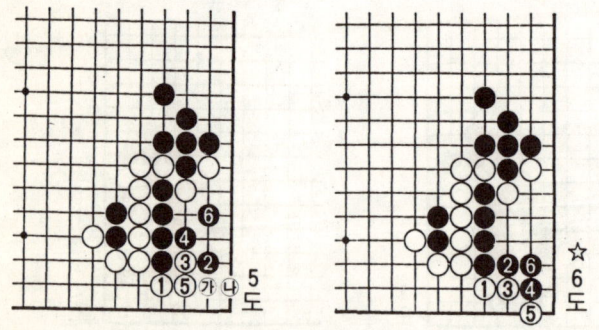

5도(지나침) 흑2의 받음. 백은 3, 5의 맥이 있다. 다음 백㉮, 흑㉯가 될자리. 선수 19집이다.

6도(정착) 흑2가 정수이다. 백3, 5 다음 6까지 쌍방 최선의 응수이다. 백은 선수 15집의 끝내기.

2high29

흑선

high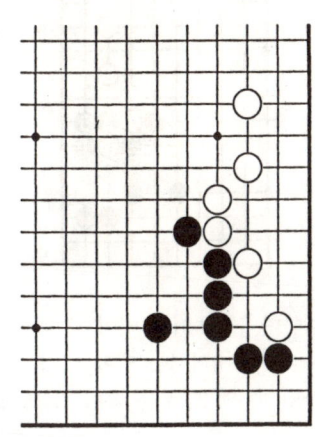

한 걸음 나가 용기있는 작선이 필요하다. 백의 지키는 모양에 주의가 필요하다.

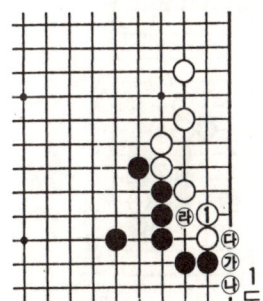

1도

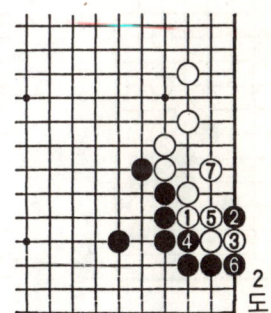

2도

1도 (백이 선수라면) 백1의 뻗음이 정형이다. 다음 백 ㉮, 흑㉯, 백㉰, 흑㉱로 될 자리이다.

2도 (역승) 백1로 두면 흑은 2로 역습한다. 흑2로 6의 곳의 내려섬은 후수이다. 본도는 1집 손해이다.

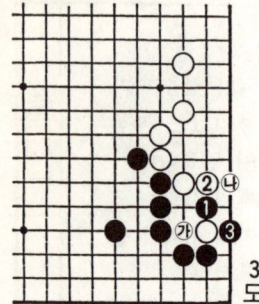
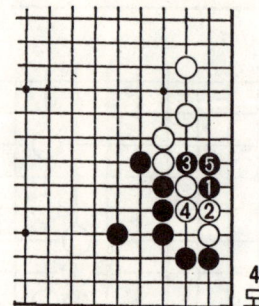

3도

4도

3도(평범) 흑1, 3은 평범하다. 흑3이 모양의 맥. 여기서 ㉮로 위쪽을 두면 백은 ㉯의 곳 내려서는 맥이 있다.

4도(붙이는 맥) 흑1로 붙일 때 백2, 4는 흑이 3, 5로 되어 승이다.

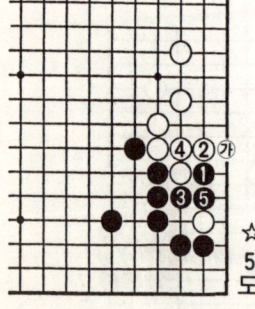
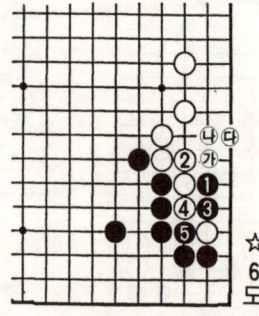

5도

6도

5도(변화) 결국은 백2의 받음에서 흑5까지. 다음 흑㉮가 선수이다. 1도와 15집의 차이이다.

6도(작은 이득) 흑1의 붙임에 백2로 이으면 흑3, 이때 백4의 부딪힘이 작은 이득이다. 흑㉮, 백㉯다음 ㉰의 곳은 반반의 권리이다. 전도보다 백이 2집 유리하다.

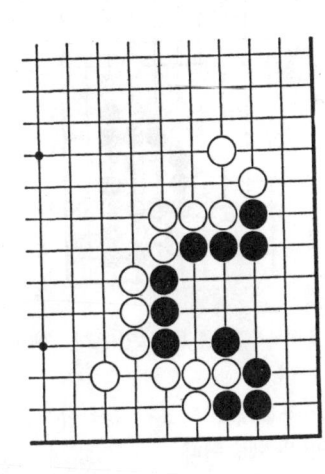

이런 모양에
는 유명한급소
가 있다. 어느
곳일까?

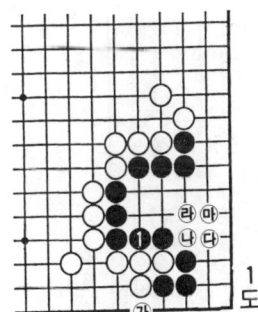

1
도

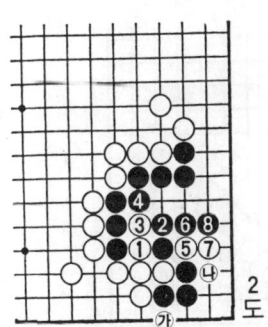

2
도

1도(흑이 선수라면) 흑은 최대한으로 넓게 하여 잇는다. 흑
㉮는 선수이다. 백이 ㉯로 끊으면 흑㉰, 백㉱, 흑㉲가 된
다.

2도(속수) 백이 1, 3으로 나가는 것이 속끝내기의 대표
적이다. 흑6, 8로 위를 받지 않으면 ㉮, ㉯가 선수이다.

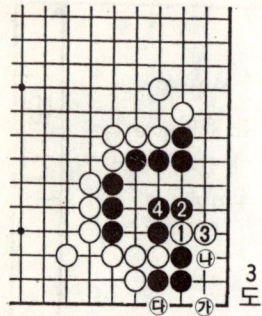
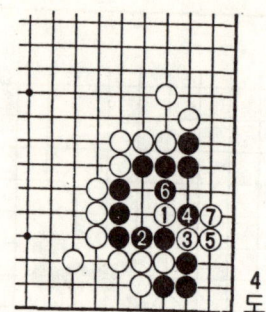

3도(끊는 수 없다) 백1, 3은 흑2, 4로 그만이다. 백 ㉮, 흑 ㉯, 백 ㉰로 끝내기가 될 자리.

4도(맥) 백1이 급소이다. 흑2에는 백3의 끊음이 준비 공작이다. 백7까지 귀의 공방은 백승이다.

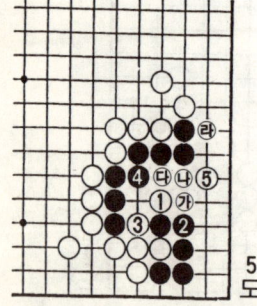
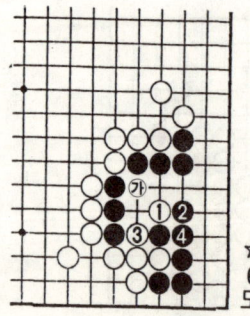

5도(변화) 백1의 붙임에 흑2, 4는 백5의 맥점이 준비되어 있다.

6도(갈림) 흑이 2, 4로 받으면 3점을 사석으로 이용한다. 백 ㉮의 끊음이 반반의 권리이다. 1도에 비해 9집. 선수 6집의 끝내기에 상당한다.

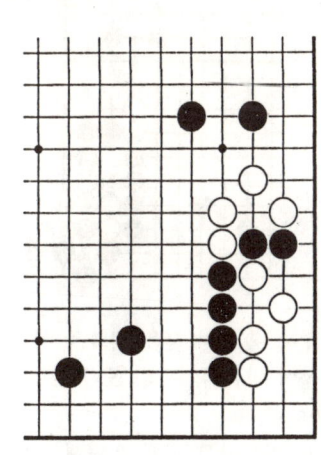

약점을 추구하는 문제이다. 주위상황에 대처함이 필요하다.

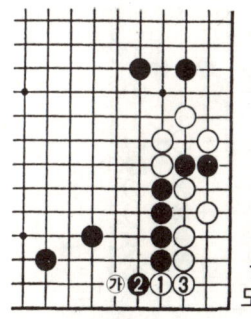

1도

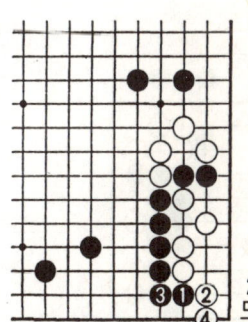

2도

1도(백이 선수라면) 백1, 3의 젖혀 이음은 서반, 중반의 수이다. ㉮의 맛이 남는다.

2도(부족) 흑1, 3의 젖혀 이음은 백2, 4로 되어 악수이다.

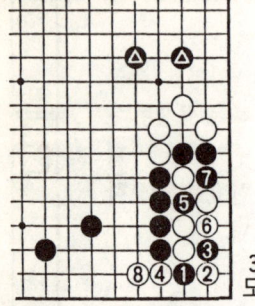

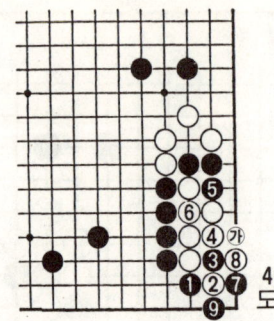

3도(바꿔치기) 백 2 의 젖힘에 흑 3 의 끊음. 백 4 로 역습을
감행하면 흑 5, 7 로 한점을 끊어 잡는다. 흑▲ 표가 있어 백
이 나쁘다. 백 8 이 커서 일장일단.

4도(2 단패) 4 의 방향으로 받으면 9 까지 2 단패.　백 8
로 9 는 흑㉮.

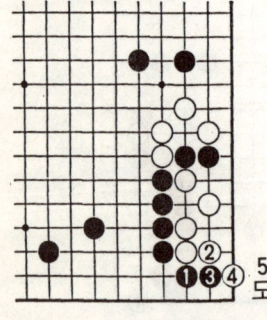

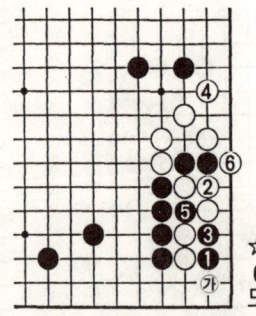

5도(응접) 백은 2, 4 로 잡는 형이다.　흑의 불만이 끝내기
이다.

6도(껴붙임) 흑 1 의 한가운데를 붙이는 것이 맥이다.　백
2 로 ㉮는 흑 5 의 끊음, 백 2 로 3 은 흑 2 의 단수로 4 도.

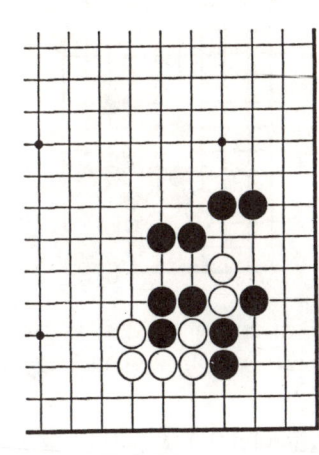

혹의 수중에
있는 백 2 점을
이용하는 끝내
기의 맥이 있다.
어딜까?

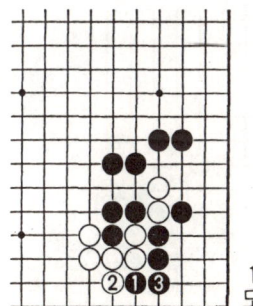

1
도

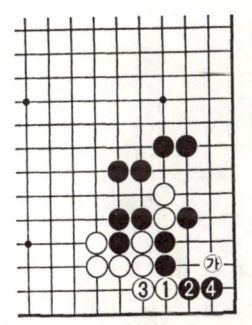

2
도

　1도(혹이 선수라면) 혹1, 3의 젖혀이음이 귀를 굳게 지키
는 수이다.

　2도(맛이 소멸) 백1, 3으로 젖혀이으면 혹2, 4로 되어
선수 7집 끝내기. 혹4를 손빼면 백4의 껴붙임이나 ㉮의
곳 치중이 있다.

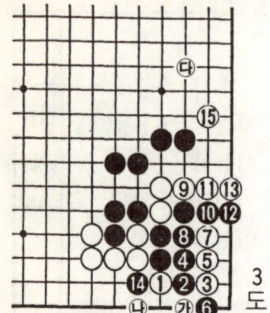
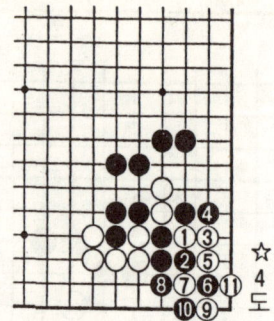

3 도

4 도

3 도(붙임) 백 1 의 붙임에는 15 까지 외길. ㉡의 방향에 흑
돌이 있으면 백 5 로는 ㉮, 흑14, 백 ㉡로 패가 될 자리. 흑
4 로 5 도 무난하다.

4 도(2 단패) 백 1, 3 은 끊고 내려섬이 최선이다. 흑 4 에
는 백 5 이하 11 까지 2 단패가 난다.

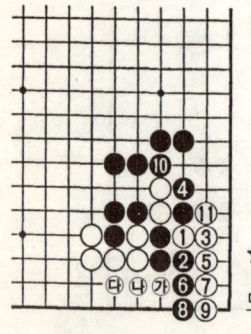
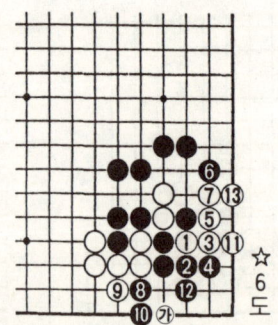

5 도

6 도

5 도(귀에서 삶) 흑 4 로 위쪽을 뻗으면 이하 11 까지. 흑 6
으로 백 7, 9 는 귀에서 무조건 산다. 흑 8 로 ㉯, 백 8, 흑㉮,
백 ㉡로 될 자리이다.

6 도(가생) 흑 4 로 귀를 내려서면 백 5, 7 로 한집을 확보
한다. 흑10으로 ㉮ 하여도 백10은 필연.

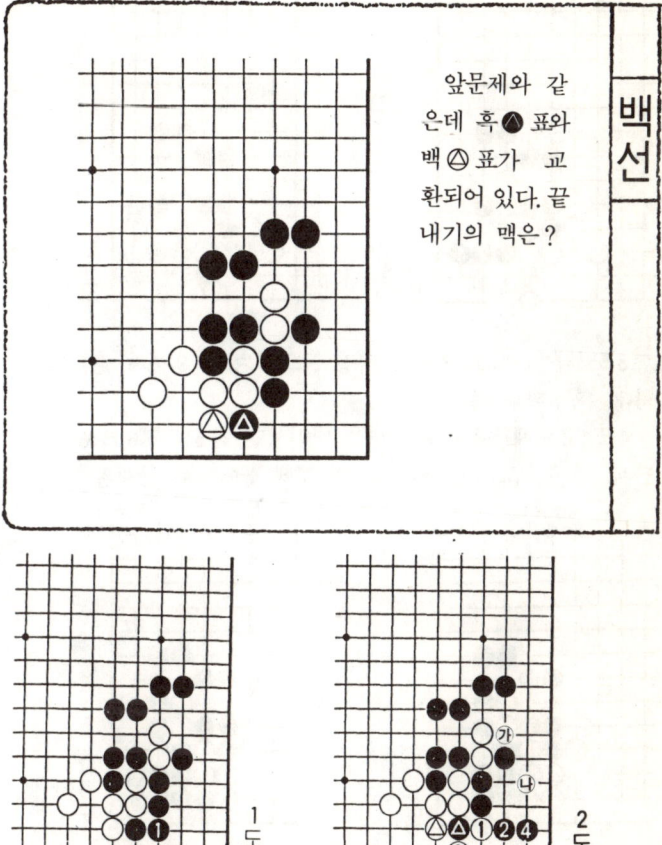

앞문제와 같
은데 흑▲표와
백⚠표가 교
환되어 있다. 끝
내기의 맥은?

1도

2도

1도(흑이 선수라면) 흑 1 의 이음이 18집에 해당하는 끝내
기이다.

2도(무책) 백 1, 3 으로 끊어잡음은 책략이 없는 수. 이 모
양에서는 흑▲표와 백⚠표의 교환이 있음에 주의하여야 한
다. 백이 ㉮이면 흑㉯로 그만이다.

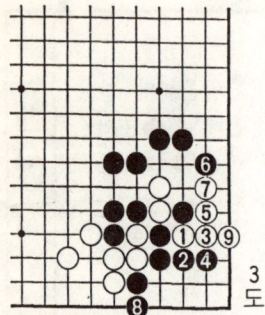 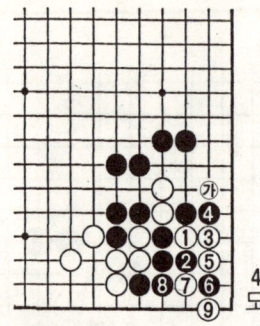

3 도(각생) 백 1, 3 으로 직접 끊으면 이하 9 까지 각생의 형태. 흑집의 손해가 크다.

4 도(2 단패) 흑 4 로 상변을 내려서면 백 5, 흑 6 으로 2 단패. 흑 6 으로 7 은 백이 ㉮ 의 곳에 붙이므로 문제외이다.

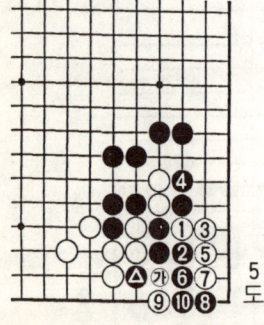 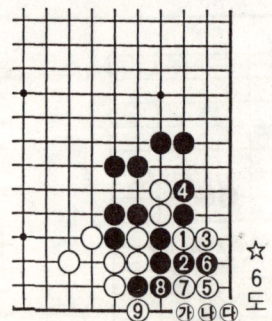

5 도(젖힘의 효용) 흑은 4, 백 5 에 흑 6, 6 의 점이 급소이다. 백 5 로 6 의 점은 흑 5, 백 7, 흑 ㉮ 이하로 다음 도와 같다.

6 도(갈림) 백 5 는 흑 6, 그런데 흑 6 으로 7 은 백 ㉮, 흑 ㉯, 백 ㉰ 이하의 패. 결국 흑 6 으로 백 9 이하를 허락하는 갈림이다.

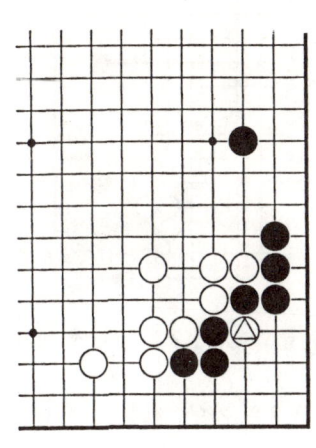

비슷한 문제
이다. 백△표
의 폐석을이용
하는 문제이다.
급소의 발견이
선결문제이다.

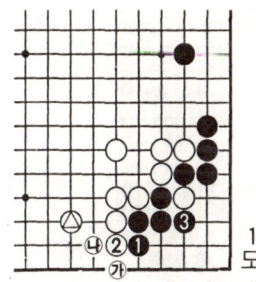

1도

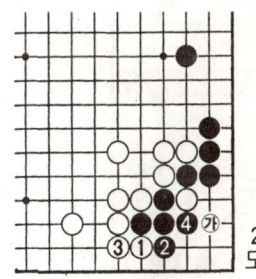

2도

1도 (흑이 선수라면) 백△표에 대하여 흑 1로 내려선 다음
3으로 돌아간다. 나중에 ㉮의 곳 젖혀이음을 본다. 흑 1로
2는 백 ㉯로 된다.

2도 (불만) 백 1, 3으로 젖혀 잇는 것은 불만이다. 흑 2, 4
로 교환하기 때문이다. 흑 4는 백 ㉮를 방비한 생략할 수 없
는 점.

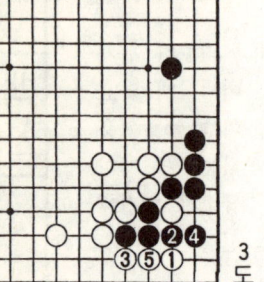 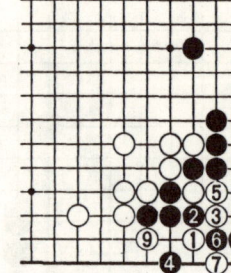

3도(치중) 백1의 치중이 급소다. 흑2의 차단엔 백5 까지 된다.

4도 백이 3으로 젖히면 흑4의 차단. 이후 9까지의 맥이 준비되어 있다.

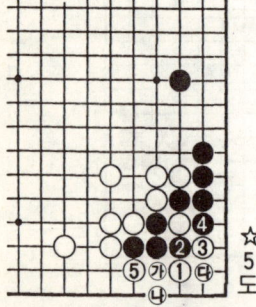 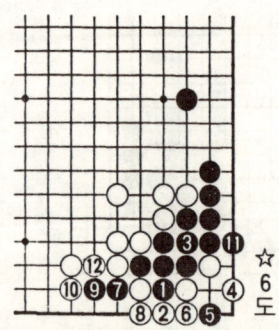

5도(선수) 흑은 4로 받을 수밖에 없는데 백5의 젖힘이 수순이다. 흑4로 ㉮는 백㉯로 3도와 큰 차이.

6도(흑이 선수) 흑이 선수로 1, 3을 두면 백2, 4로 큰일은 없다. 흑5 이하는 성립하지 않는다. 1도와 비교하여 20집 상당이다.

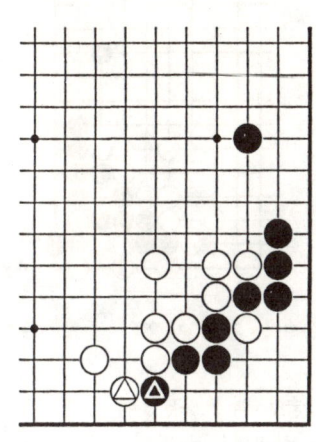

앞모양에서 혹△표와 백④표가 교환이 되어 있다. 귀에 어떤 끝내기의 수단이 있을까?

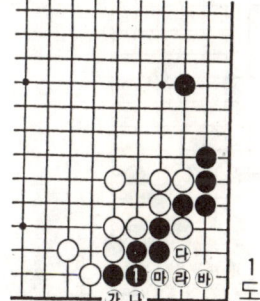

1도

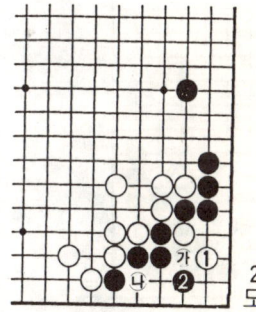

2도

1도(혹이 선수라면) 혹1로 잇는다. 혹1로 ㉯의 곳은 백 ㉣, 혹㉤, 백㉢, 혹1, 백㉹이하의 맛이 나쁘다.

2도(마늘모) 백1의 마늘모는 혹②, 백1로 ㉮의 내려섬 은 혹2의 젖힘이 있다. 2의 점이 급소다. 백1로 ㉯의 끊 음은 선수 6집.

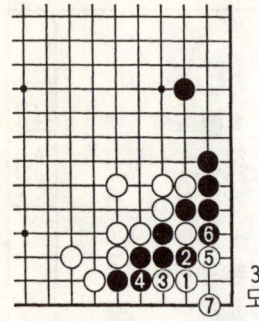
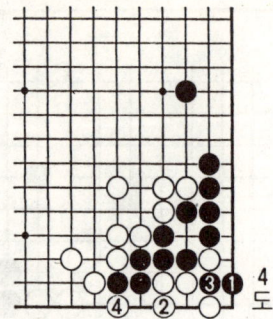

3 도(패) 백 1 에서 3 으로 미는 것이 제 2 의 급소. 흑 4 에
5, 7 로 모양을 갖춘다.

4 도(후속수단) 흑 1 의 치중엔 백 2, 흑 3 에는 백 4 로 건
너가 버린다. 이것은 1 도와 비교해서 9 집이 약하다.

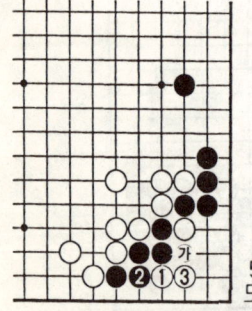
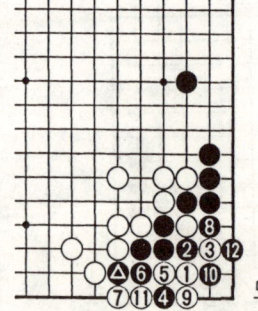

5 도(붙임) 맥점을 찾는 것에서 3 도의 변화를 흔히 볼 수
있는데 이 모양에서는 백 1 의 붙임이 멋진 맥이다. 흑 2 로
㉮는 손해가 크다.

6 도(필연성) 백 3 의 젖힘에는 흑 4 의 저항이 생긴다. 백 5
로 8 은 흑 10 으로 된다.

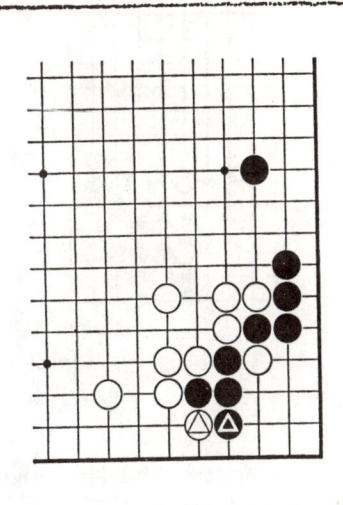

앞에 나온 모
양에서 흑▲표
와 백④표가
교환이 되어 있
는 모양이다.

백선

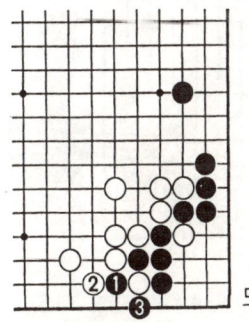

1도

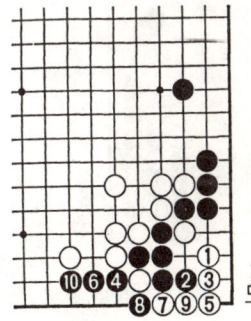

2도

1도(흑이 선수라면) 흑1, 3이 선수여서 크다. 20집이
넘는 끝내기이다.

2도(기가 이름) 백이 4의 점을 이으면 1의 마늘모가 유
력하다. 흑2로 4는 백2로 마늘모한다.

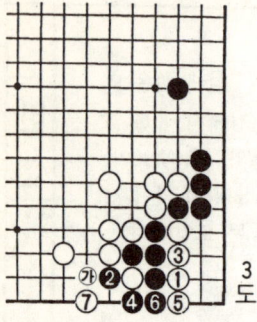
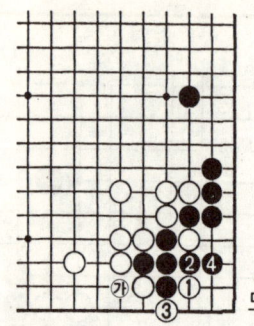

3 도(패를 막음) 백 1이 급소. 흑 2의 끊음은 무리이다. 백 7은 패를 막는 수이다. 이것을 ㉮하면 7의 곳을 젖혀서 끝내기 패가 난다.

4 도(부족) 흑이 2로 나가면 백이 그냥 건너가는 끝내기는 부족하다. ㉮의 끊음이 남아서 후수이다. 백 1로 ㉮는 흑 2로 모양이어서 후수 6집이다.

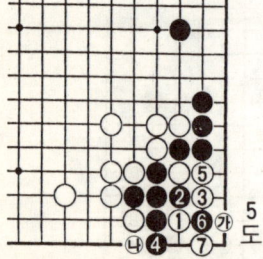
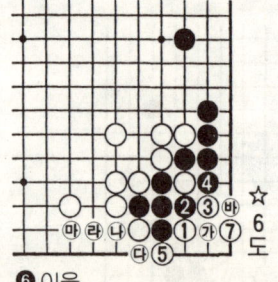

5 도(2 단패) 백 3의 젖힘, 이것이다. 흑 4의 차단엔 백 5의 이음까지. 7로 젖혀서 예의 2 단패다. 흑㉮는 ㉯의 곳을 막아 그만이다.

6 도(서로 다툼) 흑은 4로 때릴 수밖에 없는데 백 5에서 7까지 외길이다. 백 7로 ㉮의 견실한 이음은 흑㉯, 백㉰, 흑㉱, 백㉲, 흑㉳의 젖힘까지 된다.

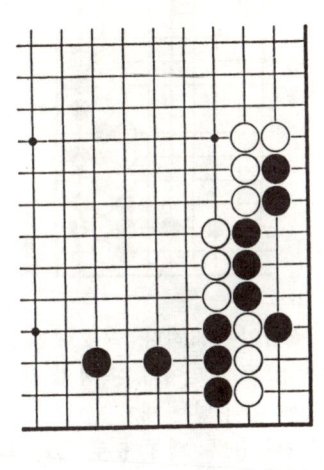

귀쪽에 유력한
수단은 없을까?
귀의 백 3점
이 죽어 있는
모양이다. 끝내
기의 부활하는
맥이 없을까?

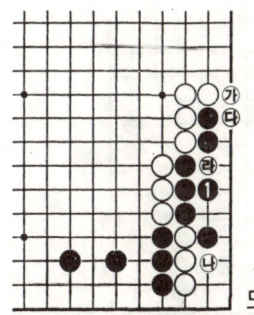

1도

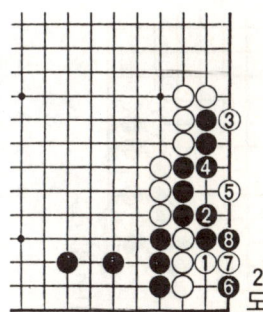

2도

1도(흑이라면) 흑선이라면 1의 곳은 당연한 지킴이다. 흑
㉮의 곳을 젖혀도 귀는 죽는다. 흑1을 ㉯하면 백㉰, 흑㉱
로 2집 손해이다.

2도(단순) 백1의 내려섬은 너무나 단순한 수이다. 흑이
2로 이으면 백3, 5의 찌름. 그러면 흑6, 8까지 ―

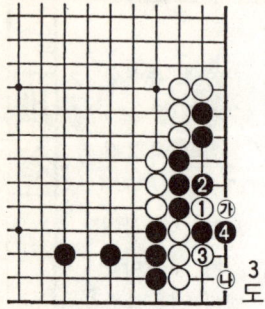

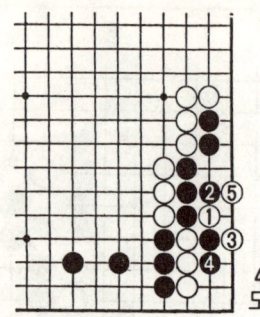

3도(내림은 좌절) 백 1 의 끊음이 필요하다. 흑 2 에 백 3 은
책략이 없는 수. 흑 4 의 내려섬으로 그만이다. 흑 4 를 ㉮ 의
곳에 두면 ㉯ 백 ㉯ 다음 4 의 곳에 집어 넣는 패가 난다.

4도(아래쪽) 적의 급소가 나의 급소, 백 3, 5 로 패가 난다.

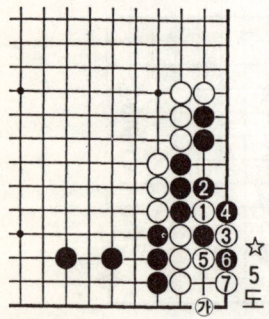

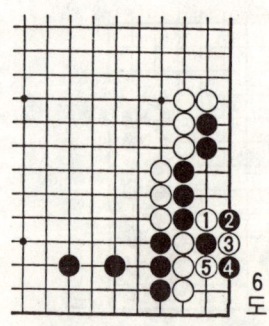

5도(16집 삶) 백 1 의 끊음에 흑 2, 3 의 젖힘에 4 의 때림
이면 이하 백 5, 7 까지. 다음 패를 피하고자 하면 ㉮ 의 곳을
두어 산다.

6도(아래쪽) 백 1 로 아래를 젖히면 역시 백 3, 5 로 패가
나는데, 이런 모양은 결국 각생할 수 밖에 없다.

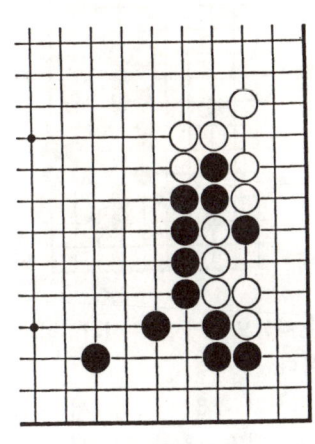

백의 한가운데 있고 1점을 이용하는 육박의 수는 없을까? 예리한 안광이 필요하다.

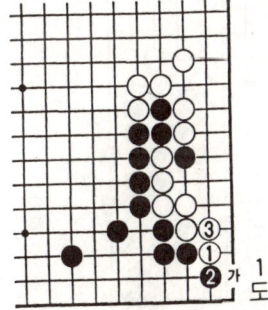

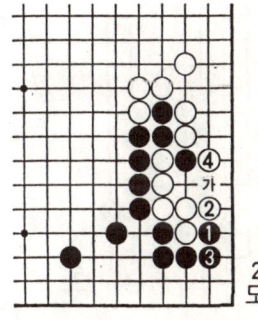

1도(백이라면) 1, 3의 젖힘이다. ㉮의 권리가 남는다. 맛이 큰끝내기이다. 백1로 3의 내려섬은 흑1로 내려서 나쁘다.

2도(선수) 흑1, 3의 젖혀 이음. 다음에 ㉮의 붙임이 있다.

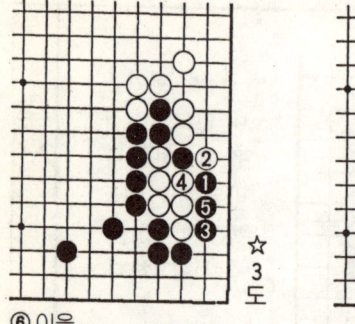

3
도

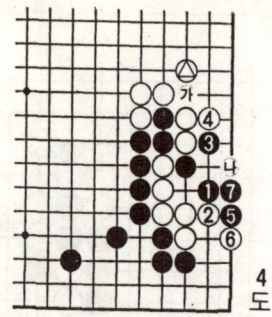

4
도

⑥이음

3도(마늘모의 맥) 흑 1 의 마늘모가 좋은 수이다. 이하 흑
5 까지 건너간다. 큰끝내기이다.

4도(젖혀이음) 백 2 로 내려서면 흑 3 의 젖힘에서 5, 7 의
젖혀이음이 있다. 흑 3 으로 5, 백 6, 흑㉯까지 패.

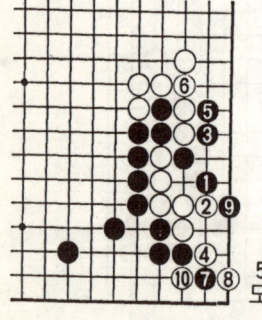

5
도

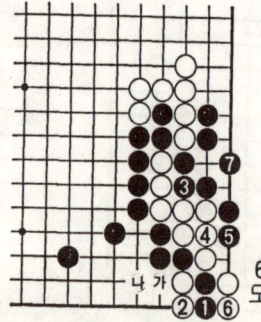

6
도

5도(변화) 흑 3 의 젖힘에 백 4, 흑 5 의 단수에 백 6, 백
6 으로 7 은 흑 6 의 때림이 있다.

6도(백사) 전도에 계속하여 흑 1 로 내려서면 백 2, 흑 3
과 백 4 를 교환한 다음 흑 5, 7 까지. 다음 백㉮는 흑㉯ 로
그만이다.

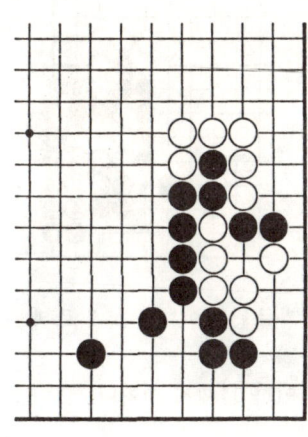

흑 2 점에 대한 백 6 점의 공방이다.
실전에서 가장 유리한 결과를 깊이 연구하자.

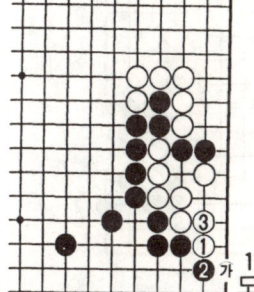

1 도

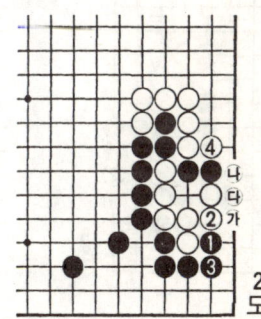

2 도

　1 도(백이라면) 끝내기의 싯점에서 백 1, 3 은 좋은 곳이다. ㉮의 젖힘이 권리로 다음도와 비교하여 역선수 12집이다.
　2 도(젖힘) 흑 1, 3 의 젖혀이음. 백 4 이면 다음 흑㉮, 백㉯를 본다. 백㉯는 손해이다.

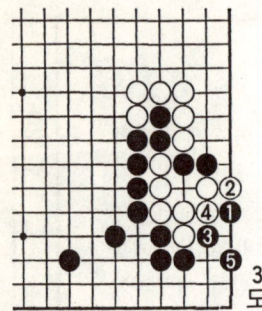

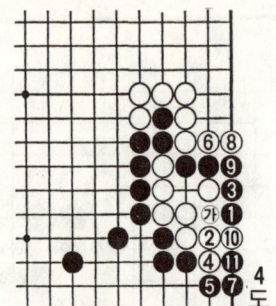

3도(예리한 맥) 흑1이 날카로운 맥이다. 3, 5로 패가 난다. 흑도 부담이 가는 패이다.

4도(빅) 백2로 저항하면 이하 11까지 빅이다. 백6으로 7은 흑⑦로 그만이다.

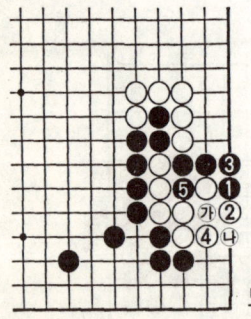

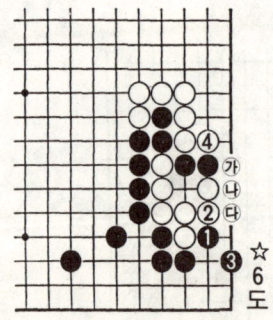

5도(패) 흑1, 3의 젖혀이음은 패가 필연이다. 전도의 빅을 미연에 방지한 모양이다. 백4로 ⑦의 이음은 흑⑭의 상용의 맥이 있어 무조건 이긴다.

6도(득) 정수는 흑1, 3. 다음 팻감의 여유가 있다. 흑⑦, 백⑭, 흑⑭의 패가 남는다.

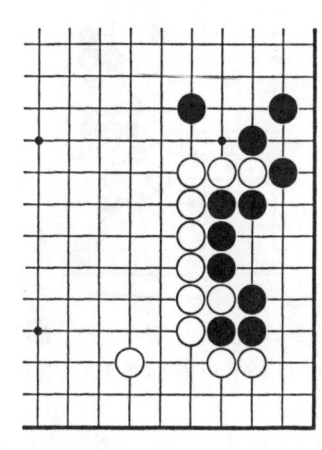

이런 모양에 선 끝내기의 맥이 어딜까? 부합되는 조건을 살펴보기로 하자.

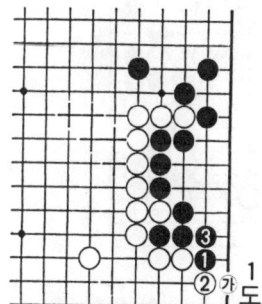

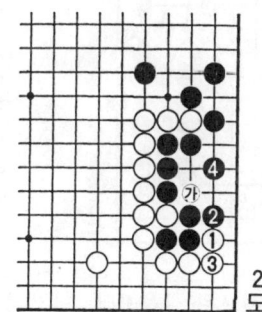

1도(흑이라면) 이런 모양에서는 1, 3의 젖혀이음이 안전하다. 역선수 6집의 끝내기.

2도(선수의 젖혀이음) 백 1, 3의 젖혀이음은 다음 ㉮의 끊는 맥을 노린다. 10집의 이득이다. 백 1로 3의 곳을 내리는 것은 흑 2로 받아서, 젖혀이음과 같은 모양이다.

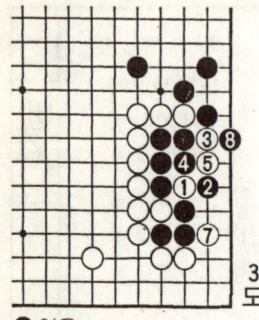 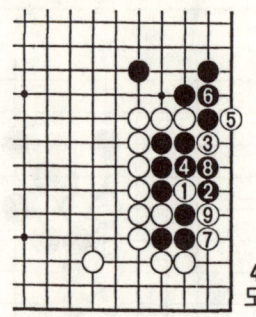

❻이음

3도(끊음) 처음에 1의 곳을 끊는 것이 끝내기의 묘이다. 흑 2에는 다시 3의 곳을 끊는다. 이 다음에 백 7의 젖힘이 좋다. 전도보다 2집 이익이다.

4도(후수) 후수이지만 젖힘이 있어 3점이 뒤떨구기를 당한다.

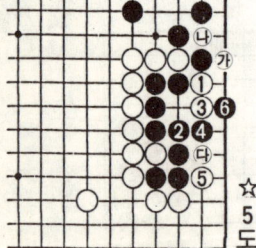 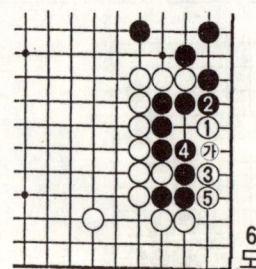

5도(제 2의 끊음부터) 단지 1부터 끊음은 득이 없다.

백 3으로 뻗으면 5의 젖힘까지 모양은 비슷하나 다음 백 ㉮, 흑 ㉯, 백 ㉰까지 비슷하다.

2도보다는 2집, 1도보다는 4집 득이다.

6도(치중) 백 1의 치중에서 3의 붙임이 유력하다.

이 모양에서는 흑 4의 이음이 후수.

백 ㉮의 이음까지. 9집 끝내기이다.

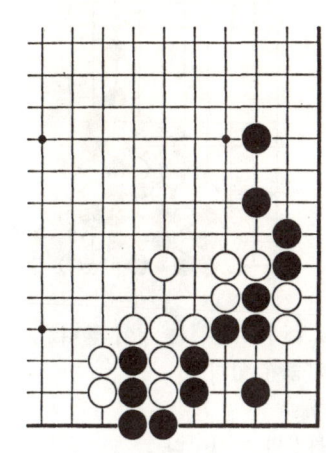

뒤떨구기를
함축하고 있는
끝내기의 문제
이다.
　일목 요연한
수를 찾아내보
자. 의외로 어
려운 문제이다.

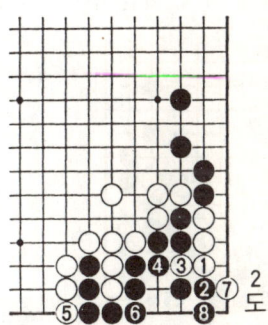

1도(혹이라면) 혹1의 지키는 맛이 크다. 다음에 ㉮로 나
가는 수순이 있다.

　어떤 수순이 있는지 지금부터 검토하여 보자.

　2도(안형) 백1의 뻗음으로 직접 움직인다. 혹2에는　백
3으로 나간다.　다음 혹8까지 유가무가의 형태가 된다.

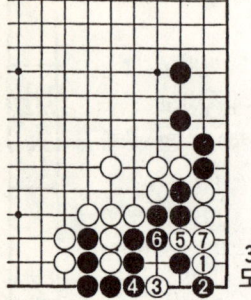
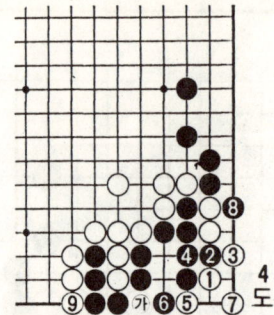

3도(급소) 백 1로 적의 급소에 다가서는 것이 좋다.

흑 2의 젖힘에는 백 3의 치중이 있다.

흑 4로는 7로 후퇴를 한다.

4도(패) 흑 2의 끼움은 최강의 저항이다.

백 3이하 7까지 패가 나올 형상.

백 9에 ㉮로 이을 수가 없다.

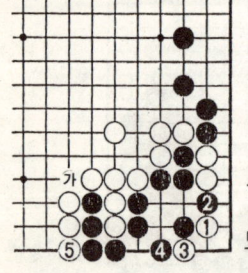
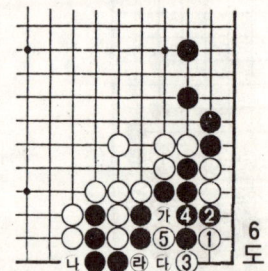

5도(뒤떨구기) 흑 2의 끼움은 순간이다. 백 3의 젖힘에 흑 4가 있다. 이것은 백 ㉮의 약점이 해소가 된다.

6도(끼움) 흑 4로 이으면 백 5의 지킴이 호수이다.

흑은 ㉮의 단수. 백 ㉯, 흑㉰의 후퇴 다음에 백㉲가 선수이다.

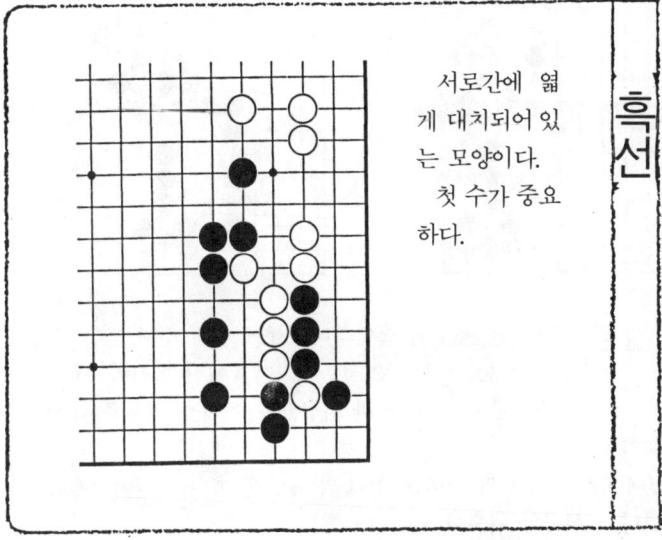

서로간에 엷게 대치되어 있는 모양이다.
첫 수가 중요하다.

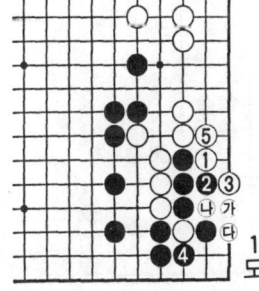

1도

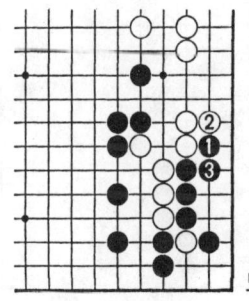

2도

1도(백이라면) 백1, 3의 젖힘이 있다.

다음 ㉮의 점은 반반의 권리이다.

흑 4로 ㉯는 백 ㉮의 삭감이 있다.

2도(평범) 흑1, 3의 젖혀이음은 너무나 평범하다.

백의 엷은 모양을 응징하지 못한 완착이다.

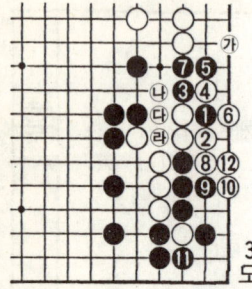

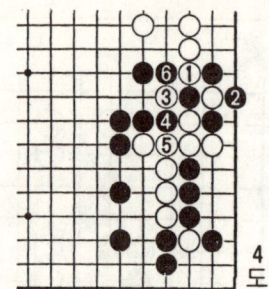

3도(선수침략) 흑1의 붙임부터 진행시켜 나간다.

백2의 차단에는 흑3으로 젖힌다. 백4에서 5이하 우변을 선수로 파괴한다. 흑㉮의 마늘모로 둔다. 백4로 ㉯의 젖힘에는 흑㉰, 백㉱, 흑7까지다.

4도(패) 전도의 백6으로 1의 끊음은 흑의 꽃놀이 패가된다. 통상의 싸움이다.

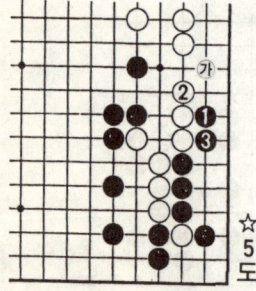

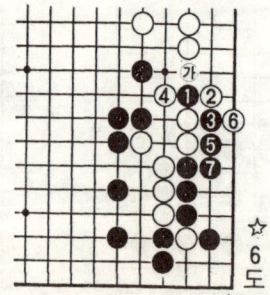

5도(후수) 백은 2의 뻗음이 무난한가. 흑3의 이음으로 후수이다. 이 다음 ㉮의 곳 맥이 남는다.

흑1, 3은 15집 끝내기.

6도(선수) 흑이 선수를 잡고 싶으면 1의 붙임에서 3의 엇끊음이 있다.

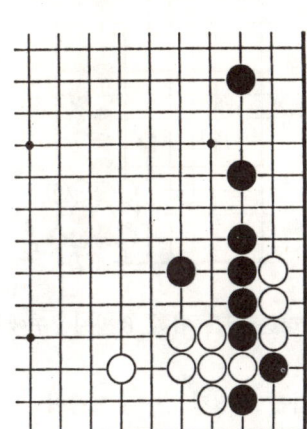

귀에 끝내기의 모양이 남아 있다. 이런 모양에서 큰문제로 발전해 나가 보자.

흑선

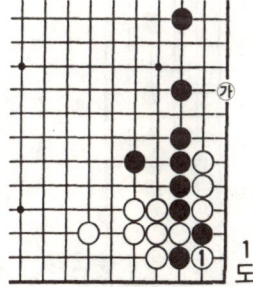

1도

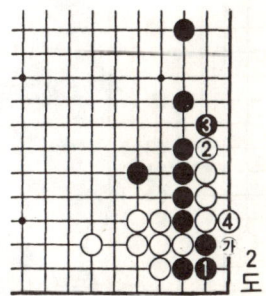

2도

1도(백이라면) 백 1 의 단수가 있다. 이 다음에 ㉮의 곳 비마를 노린다.

2도(이음) 흑은 단순히 1 의 곳 이음이 좋은 곳이다.

백 4 까지 선수 9 집 끝내기이다.

백 4 로 ㉮의 곳을 두는 것은 패가 된다.

58

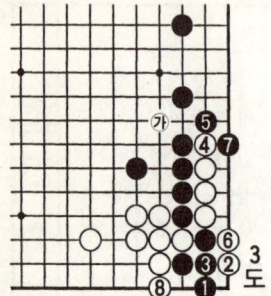 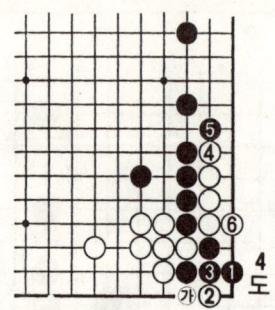

3도(벌려 이음) 흑 1 로 벌리는 것은 이하 8 까지 귀에서 백집이 8 집이다.

전도와 같은 결과이다. 흑집은 2 집감. ㉮의 엿봄이 남는다.

4도(다른 방향) 흑 1 의 방향은 이하 백 6 까지 같다.

흑 3 으로 ㉮ 는 논외이다.

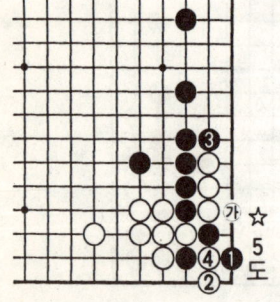 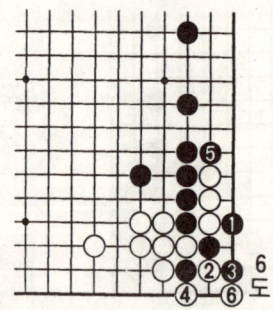

5도(패의 맥) 흑 1 이 침착하다. 백 2 에는 흑 3 으로 내려선다. 백 4 로 가르면 ㉮의 곳을 두어 패.

흑 1, 3 은 선수 7 집 끝내기이다.

6도(양패) 흑 1 로 바로 젖히는 것은 실패.

6 까지 양패가 되어 실패다.

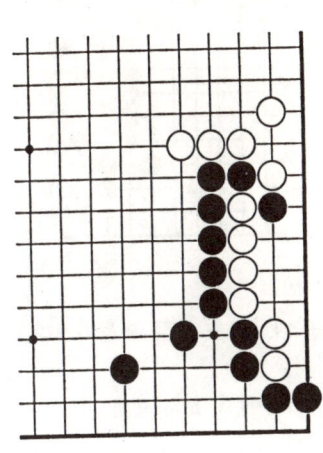

우변의 백은
나쁜 모양이다.
한 눈에 볼수
있는 어떤 맥이
있을까?

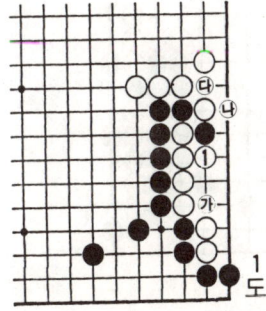

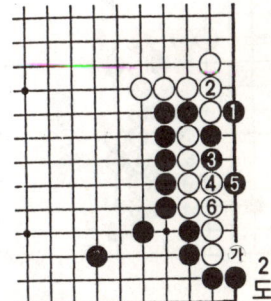

1도(백이라면) 백1의 단수이다.

백1로 ㉮의 이음은 흑㉯, 백㉰를 교환한다.

㉮의 끊음이 끝내기로 남는데ㅡ.

2도(1집) 흑1, 3 다음 5까지는 백이 4, 6으로 받아 1
도 보다도 1집 이익이다. 흑3의 수순이 나쁘다.

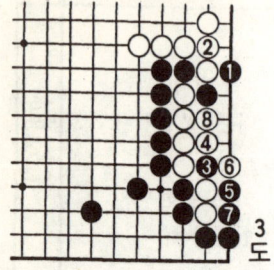

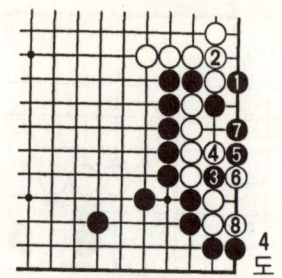

3도(끊음) 흑3의 끊음이 있다.

다음에 흑5, 7의 조임이 있다. 백은 8로 되돌아간다.

1도와의 차이는 4집강이다.

4도(맥에 빠지다) 흑3의 끊음에서 5의·곳을 두는 것은 백8까지 되어 실패다.

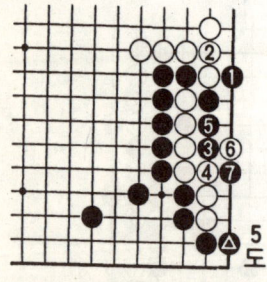

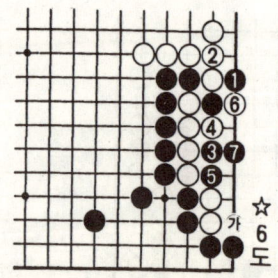

5도(붙임) 흑1은 당연하다.

다음에 3의 곳에 두어 맞보기. 흑● 표의 내려섬이 있음에 유의하라.

6도(쟁처) 백4로 후퇴하는 것은 이하 7까지.

㉮로 2점을 잡는 것은 급하지 않다.

백집은 마이너스 5집, 흑집은 플러스 5집이다.

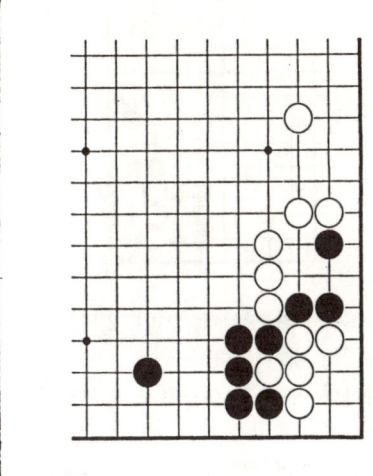

백이 놀라게 하는 예리한 맥점은 어디에 있는 것일까?

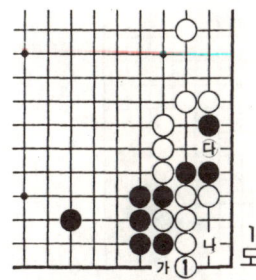

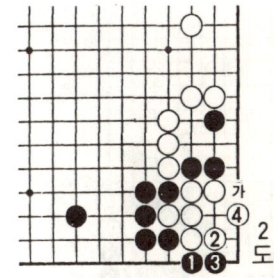

1도(백이라면) 백1로 귀를 내려섬이 좋다.

㉮의 곳 젖힘엔 흑㉯, 백㉰로 되어 백은 최소한 집을 확보할 수 있다.

2도(안전) 흑1의 젖힘에 백2로 받음이 안전하다.

주의를 요한다.

흑1로 4, 백㉮, 흑1이면 백은 2의 곳을 둔다.

62

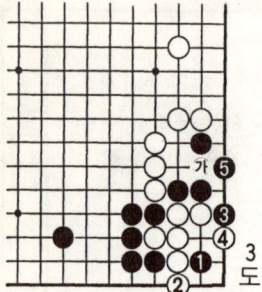
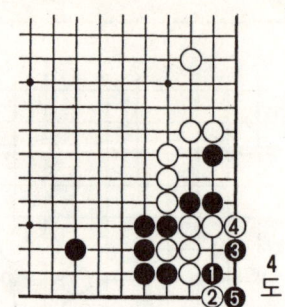

3도(끝내기 패) 적의 급소는 1의 곳이다. 백이 2의 곳을 내려서면 이하 5까지 끝내기 패가 된다.

백2로 ㉮의 곳으로 후퇴하면 혹은 2의 곳으로 넘어간다. 만족이다.

4도(패) 백2의 젖힘은 다음 3의 마늘모 다음에 혹5까지 패가 된다.

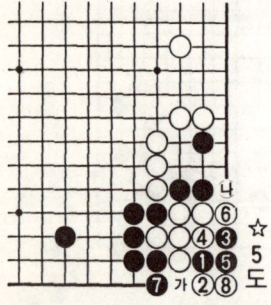
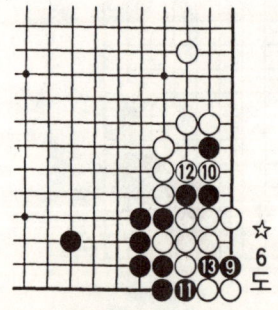

5도(사석) 3의 마늘모에 4로 그냥 단수하는 것은 5까지 3점을 키워 죽이는 것이 절묘한 맥이다.

절묘한 맥점이다. 백8로 ㉮는 혹 ㉯로 조인다.

6도(후절수) 전도에 계속하여 이하 12까지 후절수의 절묘한 맥이 등장을 한다.

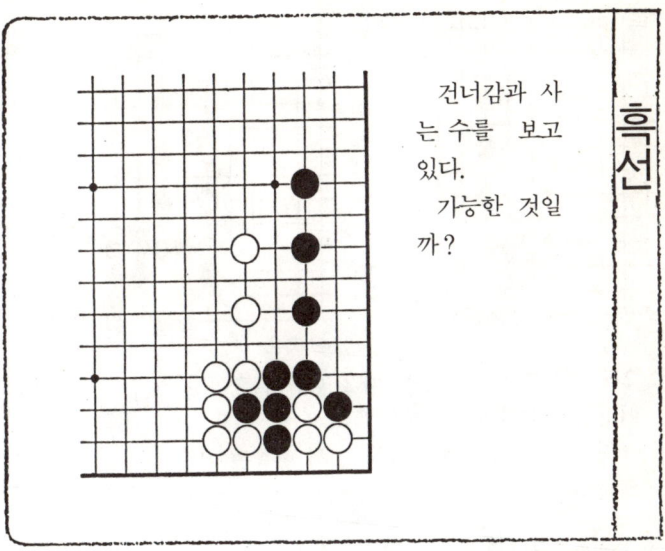

건너감과 사
는 수를 보고
있다.
가능한 것일
까?

흑선

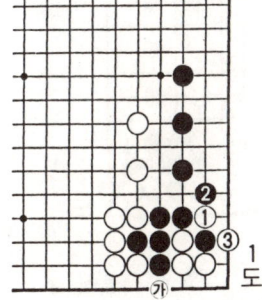

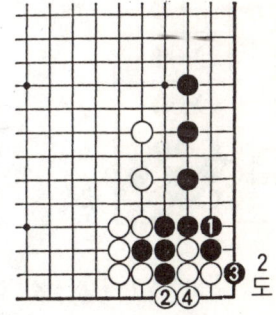

1도(백이라면) 백1, 3으로 한점을 끊어 잡고 산다.
다음에 ㉮의 곳은 후수 4집.
2도(착오) 흑1로 그냥 잇는 것은 백2, 4로 건너 간다.
흑3의 젖힘에는 백4로 그만이다.

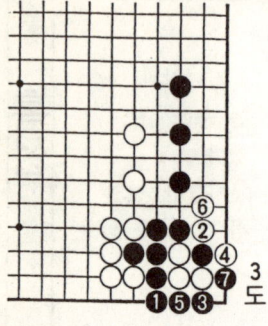

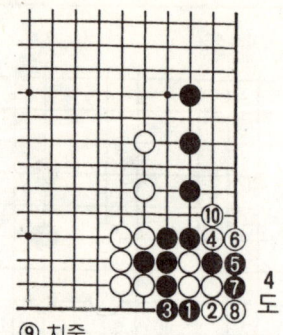

⑨ 치중

3도(패) 흑1의 차단은 백2 다음에 7까지 패가 난다. 이점이 최선일까? 이것은 흑의 손해.

4도(무조건 삶) 흑1, 3의 젖혀 이음은 어떨까. 백10이 선수여서 무조건 산다.

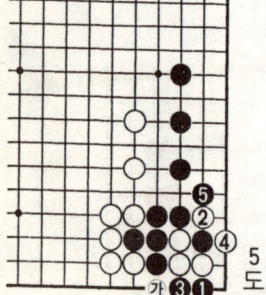

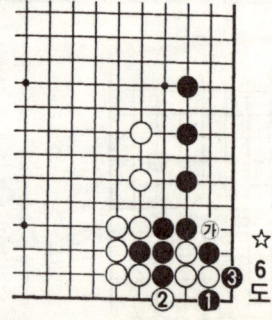

5도(2의1) 흑1이 신선한 급소이다. 백2의 끊음엔 3으로 둔다. 흑㉮의 한 수가 생략되었다.

6도(후퇴) 백이 2로 건너가면 흑3으로 뒤떨구기를 당한다.

㉮의 한수가 생략이 되었는데 1도와 비교를 하여 18집이 이익이고, 2도와 비교하여 9집이 이익이다.

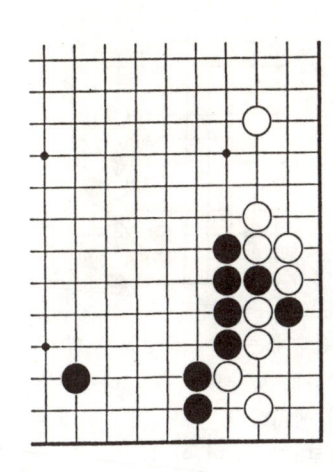

유명한 끝내
기의 맥점.
그곳의 약점
을 이용하여야
한다.

흑선

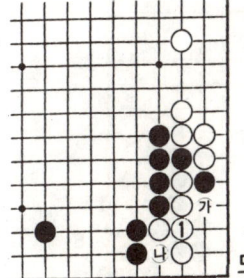

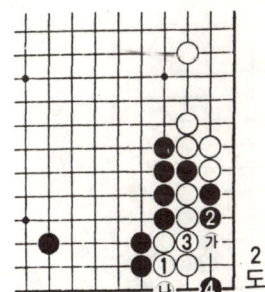

1도(백이라면) 백1로 잇는다. 흑㉮, ㉯의 양축의 단수
를 동시에 카버할 수 있다.

2도(다른 맥) 백1은 과욕이다. 흑2의 단수 다음 4에
치중을 하는 맥이 있다. 결국 백㉮는 흑㉯로 건너간다.

백1로 2의 곳은 흑1로 단수한다.

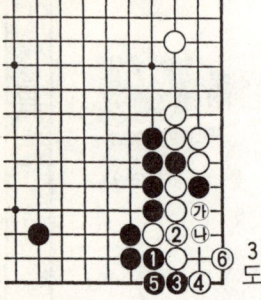 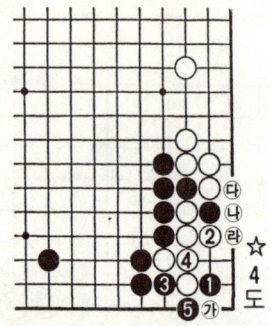

3도(선수 3집) 흑1의 단수에는 맛이 소멸된 느낌이다.

흑3, 5로 젖혀 이으면 약점을 보강하여 흑이 나쁘다.

4도(붙임) 흑1의 붙임이 예리하다. 백2에는 3, 5로 건너간다. 백2로 ㉮는 흑2로 단수하여 이긴다.

흑㉯, 백㉰, 흑㉱는 반반씩 권리. 1도와 약10집 차이다.

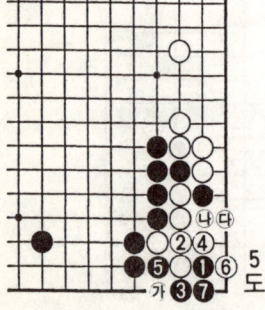 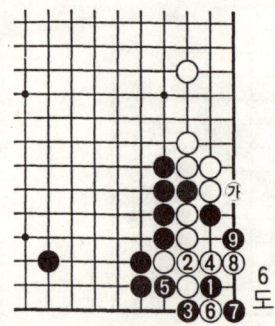

5도(백의 응수) 백2의 이음엔 흑3의 젖힘. 백4로 ㉮는 흑7, 백5, 흑㉯이다

백4로 ㉯는 전도와 같다.

6도(안형) 백4에서 6까지 뒤떨구기를 강조.

흑㉮의 젖힘으로 한수 늘어진 끝내기 패가 남는다.

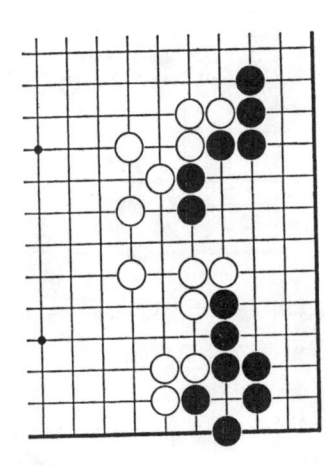

끝내기의 맥
점은 어디일까?
총합전을 요
구한다.

흑선

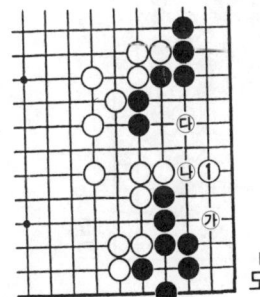

1도

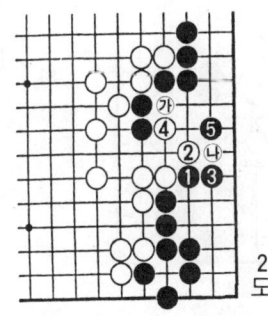

2도

1도(백이라면) 백1의 한칸 뜀이 날카롭다.
㉮의 뜀을 노린다. ㉯로 내려서는 것은 ㉰의 곳을 노린다.

2도(낮은 건넘) 흑1, 3의 젖혀 내림. 백2, 4 다음 흑5
는 ㉮의 곳 끊음이 남는다. 흑5로 ㉮의 이음은 ㉯의 곳을
내려서 약13집의 차이가 난다.

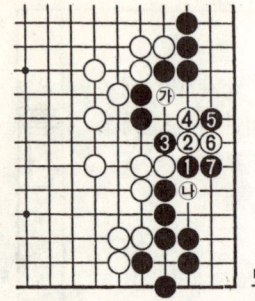 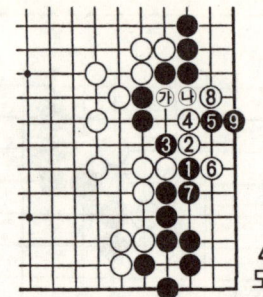

3도(맥) 백2의 젖힘에 흑3의 강수가 성립한다.   백4로 ㉮, ㉯는 맞보기. 흑5로 붙이는 것이 묘수다.

백6에는 흑7로 ㉮의 끊음을 방지한다.

4도(살수 없다) 흑5의 붙임에 백6, 8은 흑9로 내리는 수가 있어 살 수 없다. 이 다음 백㉯는 흑㉮로 그만이다.

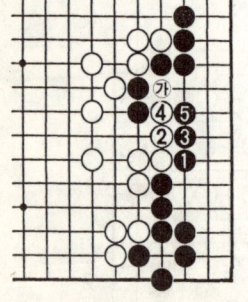 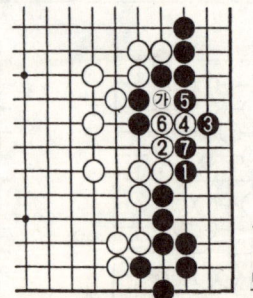

5도(건넘) 백은 2로 미는 수. 이 다음에 백㉮의 끊음이 약11집이다. 흑은 다음 건너감을 본다. 백㉮는 전국적인 판단을 한 다음에 한다.

6도(일자) 흑3의 미끄러짐이 건너가는 모양이다.

이 결과는 ㉮의 끊음이 9집 감소이고 흑집이 전도에 비하여 1집 감소이다.

제 2 장

선수 끝내기

또한 사활의 맥과 끝내기의 맥은 조금 다름을 알
수 있다.

어떻게 하는 것이 손해인가를 잘 생각해 보아야
하겠다.

그래서 사활의 맥점을 검토하고, 성공하지 못하
는 맥점을 검토하여 수순을 비교하여야 한다.

'눈모양을 위협' 하는 것인가, 그렇지 않은 것인가
의 수단을 생각하는 습관이 있어야겠다.

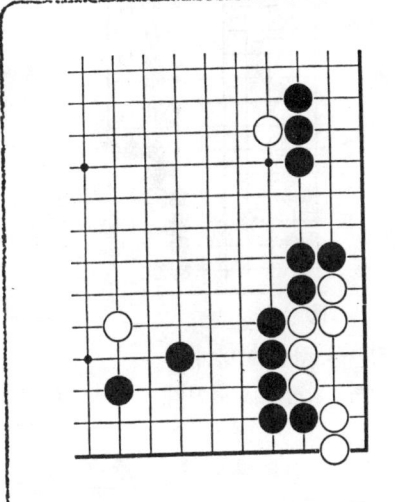

장래를 향한
귀의 백집에 대
한 끝내기는
어떤 수단이 있
을까?

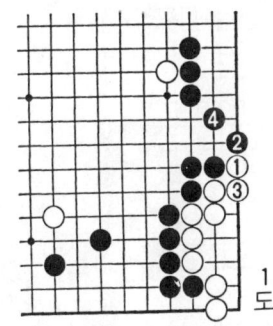

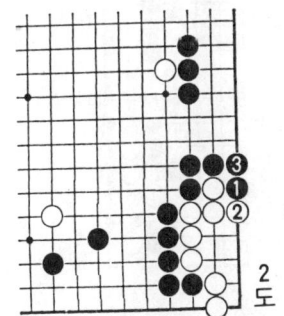

1도 (백이라면) 백 1, 3 의 젖힘이 선수이다.

다음 흑 2, 4 로 밖이 강해진다.

흑이 역끝내기를 한다면— ·

2도 (평범) 흑 1, 3 의 젖혀이음이 평범한 3집 끝내기다.

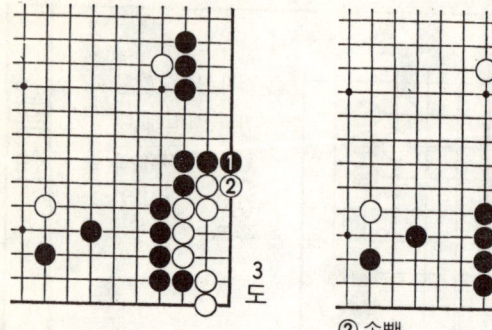

3도(양선수 2집) 흑1의 내려섬은 어떨까.

백의 젖힘을 봉쇄하는 양선수 2집의 끝내기다.

여기서 백이 손을 빼면— .

4도(죽는 모양은 아니다) 백이 손을 빼도 죽는 모양은 아니다. 흑3의 치중에 백4, 6까지.

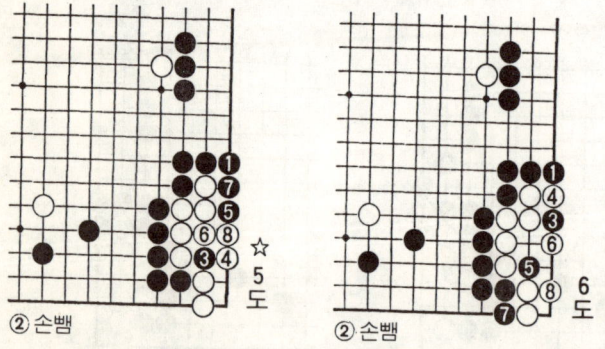

5집(백집 4집) 흑1의 내려섬 다음에 3의 곳 끊음이 위력을 발휘한다. 이하 8까지 흑의 권리.

1도와 비교하여 5집 계산이 나온다.

6도(수순착오) 끊지 않고 먼저 붙이는 것은 백4로 차단하여 그만이다. 전도에 비해 2집 손해이다.

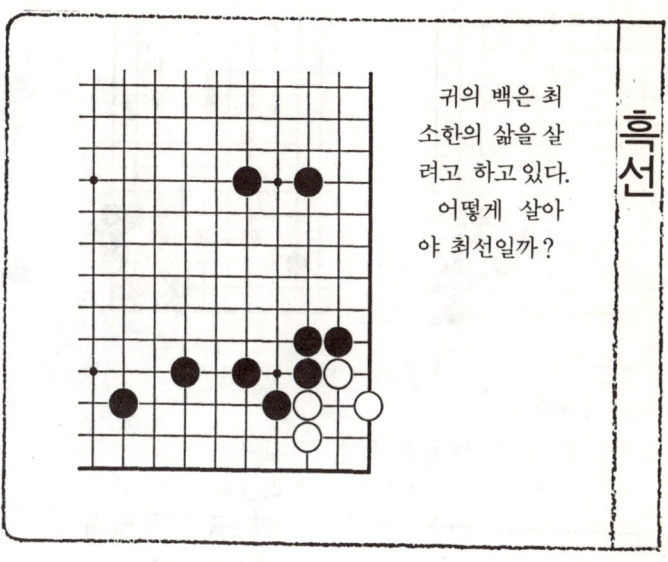

귀의 백은 최
소한의 삶을 살
려고 하고 있다.
어떻게 살아
야 최선일까?

흑선

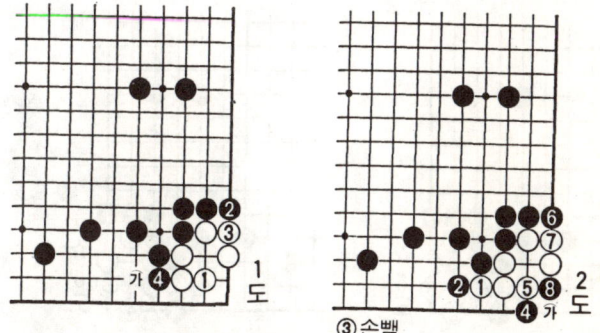

1도

③손뺌

2도

1도(백이라면) 백1로 두는 것은 정형이다. ㉮의 곳을 보
는 흑2, 4가 있다.

2도(자충) 일견 득이라고 생각하고 1로 나가는 것은 자충
이다. 이하 8까지 ㉮의 곳을 다투는 패가 난다.

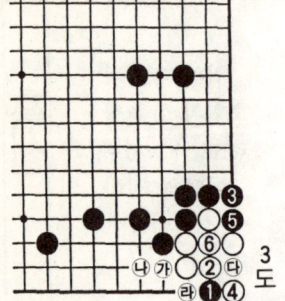 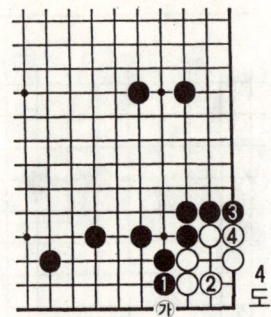

3도(삶) 백㉮와 흑㉯의 교환이 없다면 흑1의 치중에는 이하 6까지 산다.

흑㉰로 때리면 백㉲로 두어 무조건 산다.

4도(4집) 흑1의 내려섬에는 백2, 4로 산다.

백㉮의 젖힘이 선수로 백집이 4집이 나는 것을 알 수 있다.

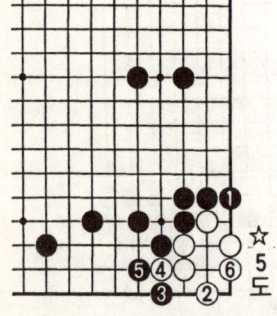 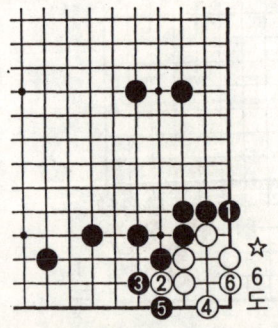

5도(내려섬) 흑1로 내려서 공격하면 어떨까.

백은 6까지 사는데 2집이 감소되었음을 알 수가 있다.

6도(패를 봉쇄) 백2로 나가 6까지 되는 것도 2집 손해이다.

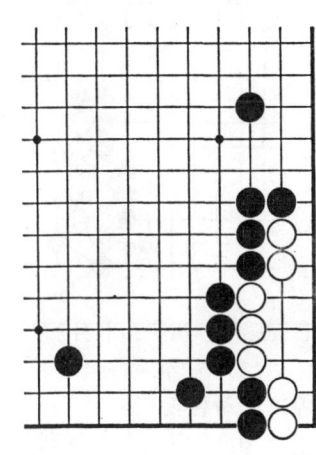

안팎의 호흡이 중요한 대목이다.

제1착은 제1감의 급소이다.

흑선

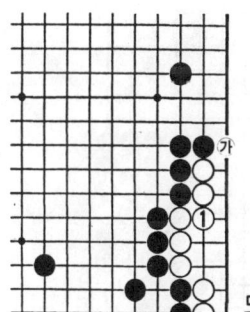

1 도

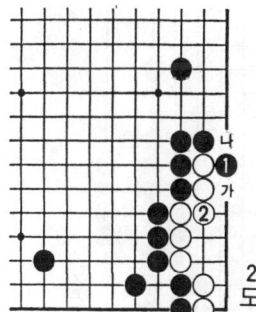

2 도

1 도(백이라면) 백1의 이음 다음에 ㉮의 선수를 본다. 역끝내기이다.

흑이 젖히기만 하여도 ㉮의 곳 약점을 방지한다.

2 도(젖힘) 1의 젖힘은 백2로 이어서 그만이다.

다음에 백㉮, 흑㉯의 교환이 남는다.

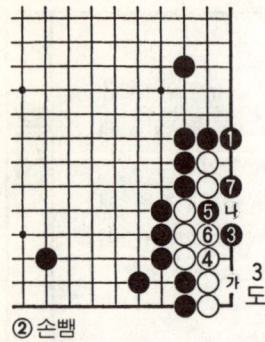

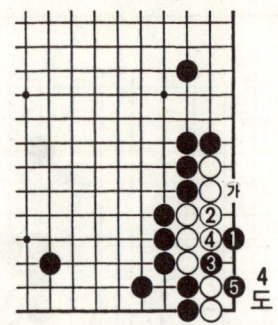

3도(내림) 흑1의 내려섬은 손을 뺀다면 3의 치중이 날카롭다. 백4로 5라면 흑4, 백6, 흑㉮.

백4로 6이라면 흑㉯로 무조건 죽는다.

4도(3집의 가운데) 흑1로 3집의 가운데를 치중하여 백의 응수를 묻는다. 백2로 3은 흑2, 백4, 흑㉮로 패다.

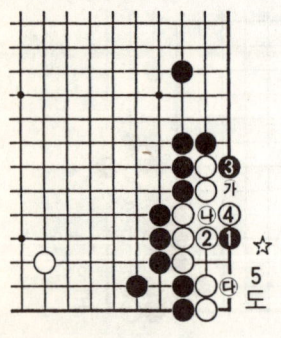

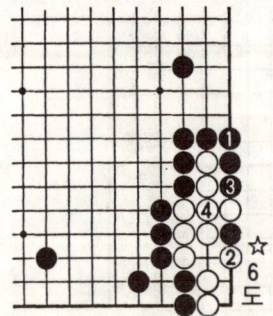

5도(쟁점) 백이 2로 받는 한수이다.

이를 교환한 다음에 3으로 젖힌다. 백4로 ㉮는 흑㉯로 나쁘다. 백4로 ㉯는 흑㉰로 패.

6도(이후) 다음에 1의 이음이 절반의 권리.

1도와 차이는 2집강이다.

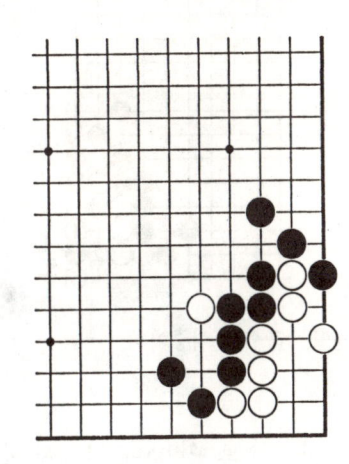

귀의 백에 대
하여 어떤 끝내
기가 있을까?
　안팎을 호흡
하는 맥이 필요
하다.

흑선

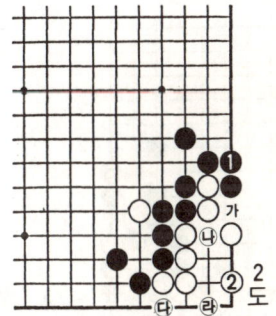

1도(백이라면) 백1의 지킴이 정착이다.
이것은 백이 7집이다.
　2도(반대) 흑1의 이음에는 백2로 지킨다.
　흑㉮, 백㉯가 될 자리이다.　백2로 ㉰의 곳을 내려섬은
흑2, 백㉭, 흑㉮로 손해이다.

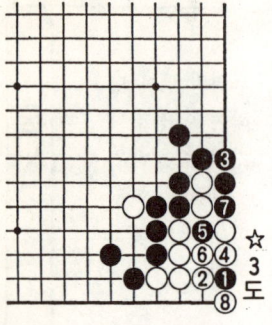
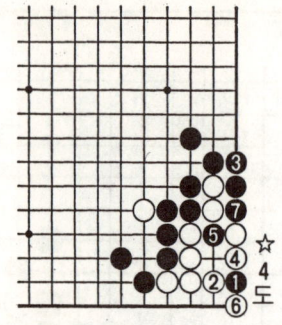

3도 (치중일발) 흑1의 일발, 급소의 치중이다.
백2에는 이하 7까지 된다.
선수 3집 끝내기다.

4도 (선수) 백은 단지 6까지 흑7로 때려낸다. 1도와 비교하여 보면 후수 6집이다. 5집의 차이가 생긴다.

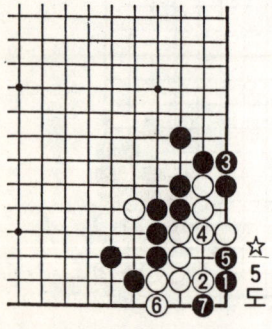
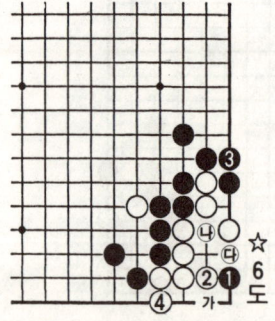

5도 (빅) 흑3의 이음에 백4의 이음은 이하 7까지 빅이 된다.
흑5로 6, 백5의 삶은 백집이 5집이다.

6도 (같다) 백4로 내려서면 흑㉮에는 백㉯, 흑㉰로전도로 돌아간다.

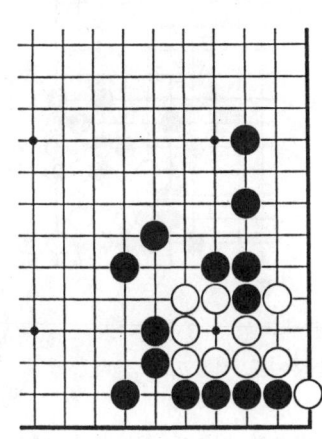

끝내기의 큰
모양이다.
집계산을 어
찌 하여야 할까?

흑선

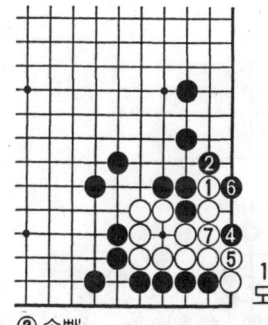

③ 손뺌

1도

2도

1도(백이라면) 백1의 젖힘을 선수로 둔다.

흑4, 6으로 백7까지 된다. 역선수 2집 끝내기다.

2도(선수) 백1의 마늘모는 선수이다.

흑2 다음에는 흑㉮, 백㉯가 흑의 권리이다.

전도와는 3분1집의 차이가 난다.

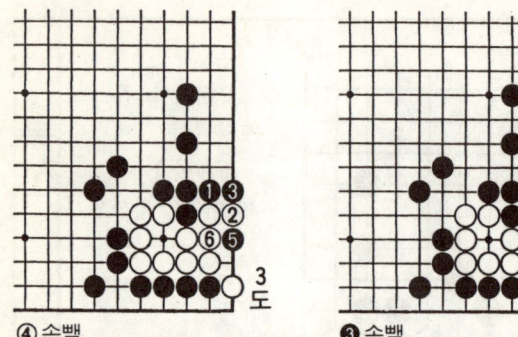

④ 손뺌　　　❸ 손뺌

3도(후수라면) 흑1, 3의 내려섬은 후수이다.

손을 빼면 흑이 5로 치중하여도 백6까지 산다.

역끝내기 3집 끝내기. 결과는 악수이다.

4도(원래) 흑1, 백2를 교환한 다음에 흑이 손을 빼면 이하 7까지 된다. 흑1, 백2의 교환은 득이 아니다.

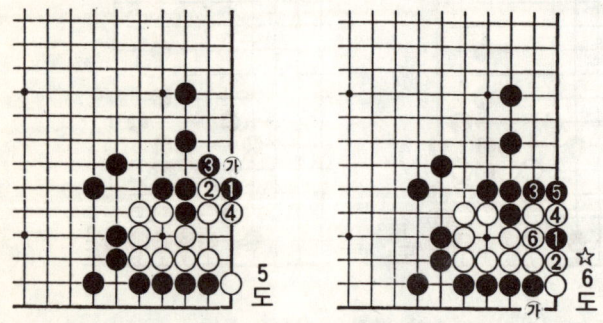

5도(득이 없다) 2도에서 유추하여 보면 백2, 4의 알기 쉬운 받음이 있다. ㉮의 이음은 후수이다. 2집이 약하다.

6도(치중) 흑1의 치중이 묘수.

백6까지 선수로 조인다. 양선수 3집강의 이익이다.

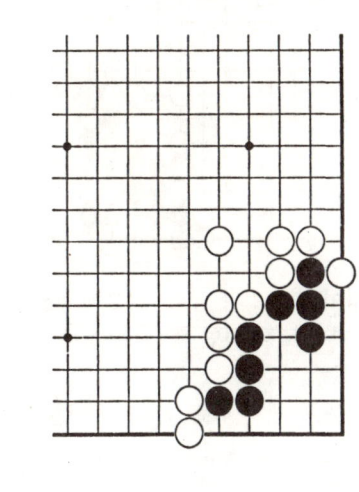

귀의 흑모양
은 어딘가 모르
게 약점이 있어
보인다.

끝내기의 맥
을 찾아보자.

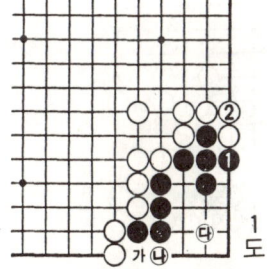

1도

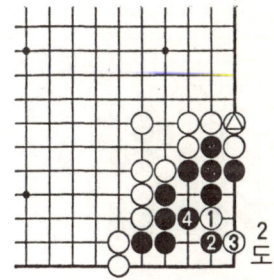

2도

1도(흑이라면) 흑1의 단수 막음. 백2의 이음엔 손을 뺀
다.

이 다음 백㉮엔 흑㉯, 흑1로 ㉰의 곳을 보강하는 것은
손해이다.

2도(수없다) 전도의 모양에서 백1에는 흑2, 4의 상용의
맥이 있어 잘 안된다. 현실적으로 백△표의 이음을 주의하라.

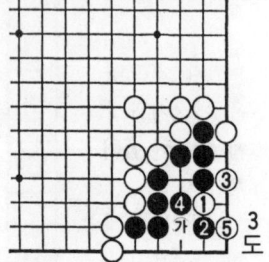
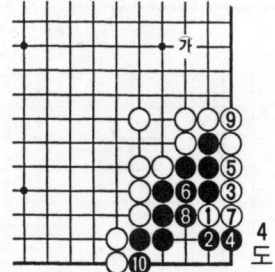

3도(경솔) 백1의 코붙임이 제1감의 급소. 흑2에 3이면 4의 단수는 경솔하다. 흑2로 3이면 백㉮로 둔다. 백5까지 패가 난 모양이다.

4도(5집) 백3의 건너가는 수에 흑4로 내려서는 것은 이하 10까지 살 수 있다. ㉮의 방면에 흑돌이 없어 백 유리.

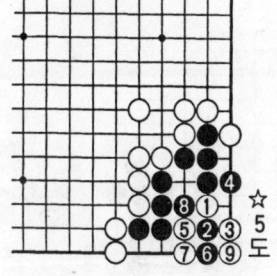
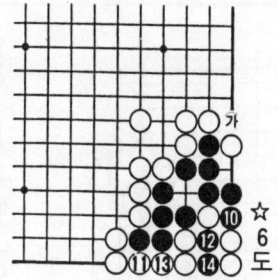

5도(변화) 백이 귀쪽을 두는 것은 어떨까.

이것은 백5 이하의 진행이 있다.

2점으로 키워 버림이 백3에 대한 유일한 대항책이다.

6도(뒤떨구기) 전도에 계속하여 흑10으로 단순히 단수하는 것이 좋다. 흑14까지 2점을 잡는다.

흑집은 5집, 백㉮의 이음까지 1도와는 6집강의 차이가 난다.

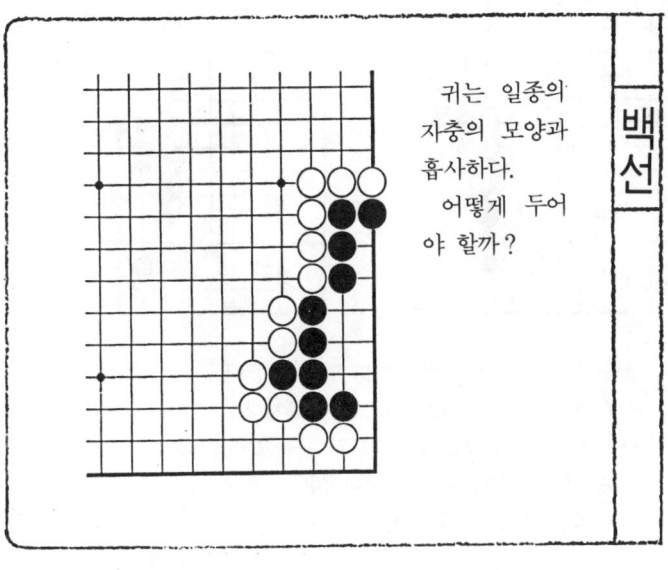

귀는 일종의
자충의 모양과
흡사하다.
어떻게 두어
야 할까?

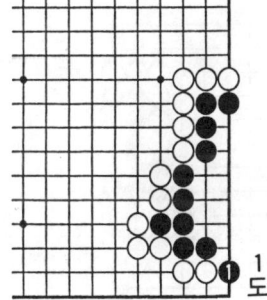

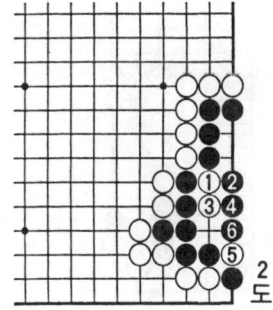

1도(흑이라면) 흑1의 젖힘으로 역끝내기를 한다.
이것으로 흑집은 7집이 된다.

2도(7집의 근거) 전도에는 일견 흑집이 8집으로 계산되
는 듯 하나 백1로 끊어보면 이하 6까지 7집이란 근거가 나
온다.

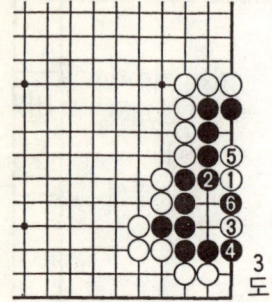

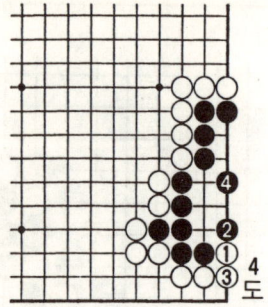

3도(안쪽) 백1의 치중으로 안쪽을 둔다.

흑6까지 빅이 나서는 흑의 대손해이다.

백1로 6의 곳 치중은 흑3의 마늘모가 있다.

4도(선수) 백1, 3의 젖혀이음은 선수 행사.

1도와는 5집 가까운 차이가 난다.

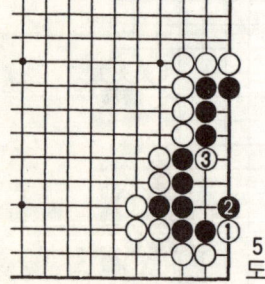

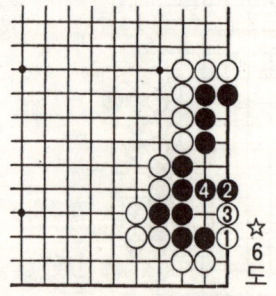

5도(즉사) 흑2의 막음에 백3으로 끊음이 맥. 흑은 즉사한다. 백1의 젖힘은 자충을 강요하고 있다.

6도(쟁처) 그래서 흑은 2의 곳으로 물러서 받는다.

백3, 흑4는 백의 권리이다.

이 결과 1도와 비교하면 백1, 3은 선수 8집 약이다.

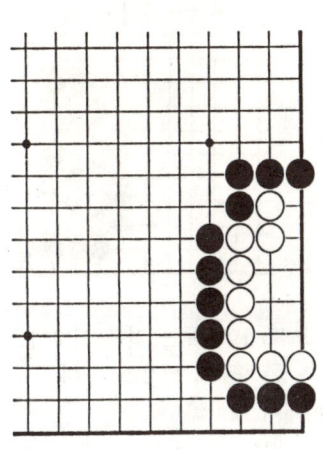

확실히 죽지
않는 백의 일단
이다.
모양을 보고
탐구하여 보자.

흑선

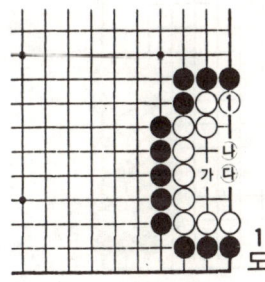

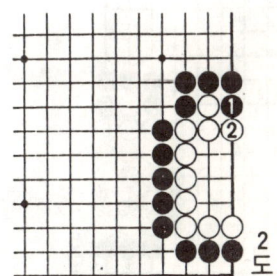

1도(백이라면) 백1의 내려막음. 이로써 흑은 공격을 할
수 없다.
흑㉮에는 ㉯가 좋은 응수. 흑㉮에 백이 ㉰로 응수하는
것은 ㉯로 패다.
2도(1집 끝내기) 흑1로 그냥 밀고 들어오는 것은 1집
끝내기이다. 너무나 안이한 끝내기다.

86

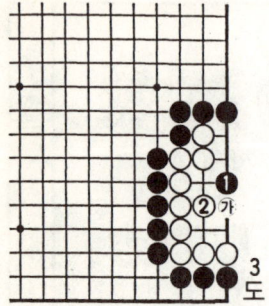

3
도

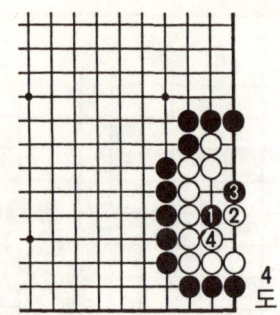

4
도

3 도(급소인가?) 안쪽으로 흑 1 로 두는 것은 어떨까? 흑
1 로는 백 2 로 그만이다. 흑 1 로 ㉮도 백 2 로 둔다.

4 도(패) 흑 1 의 붙임. 이것이 맥이다.

백 2 에는 3 으로 두어 패가 난다.

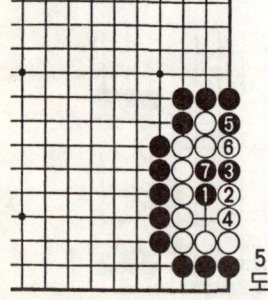

5
도

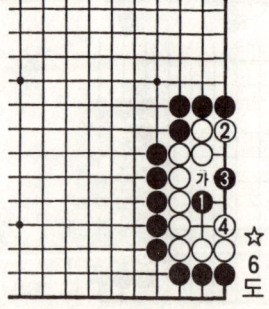

6
도

5 도(백사) 백 2 로 아래쪽 붙임이 고심의 1착. 허나 다음
에 4 로 이으면 흑 5, 7 로 백이 죽는다.

6 도(선수 빅) 흑 1 의 붙임에 백 2 의 내려섬은 한수. 흑 3
에 백 4 로 빅이다.

백 2 로 ㉮는 흑 3 의 젖힘이다. 백 4, 흑 2 로 전도와 같은
모양으로 백이 죽는다.

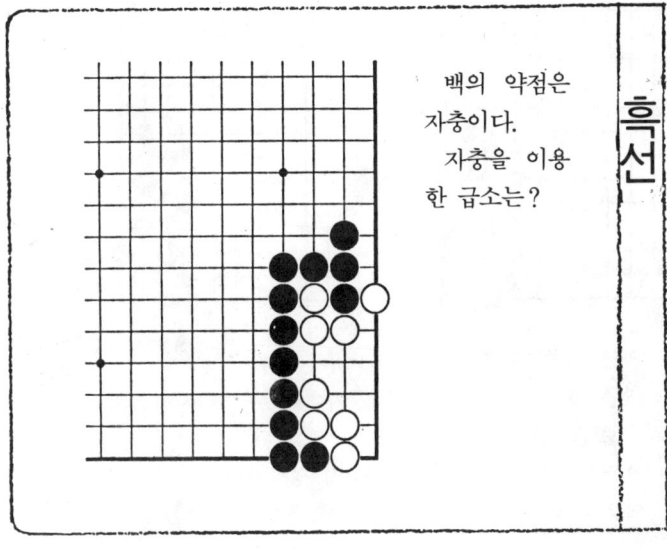

백의 약점은
자충이다.
 자충을 이용
한 급소는?

흑선

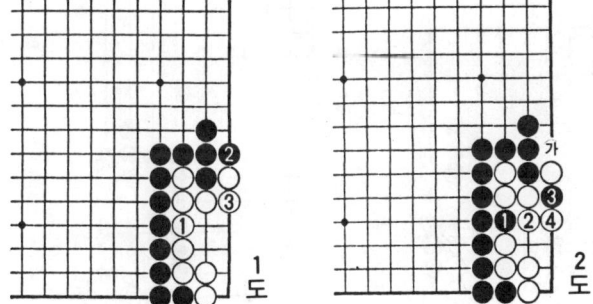

1도

2도

1도(백이라면) 백1의 이음이 두텁고 큰 수다.

흑2에는 3으로 잇는다. 이것으로써 백집은 6집이다.

2도(바깥) 평범하게 흑1로 밀고 들어오는 것은 백집이 4집으로 감소된다. ㉮의곳 내려서 패의 다툼은 3분의 1집의 권리. 사실은 4집 약이다.

88

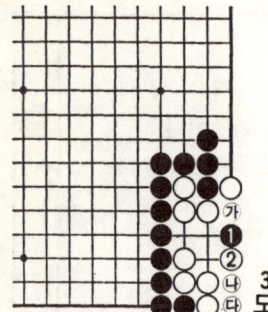 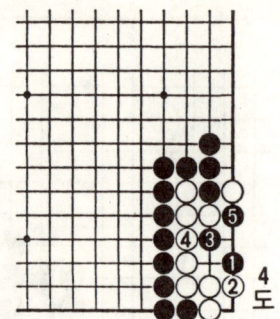

3도(안쪽) 흑1의 치중은 너무 깊다.

다음 백㉮, 흑㉯, 백㉰를 기대한 듯 하나, 백2의 모붙임으로 그만이다.

4도(치중 위치) 흑1의 치중이 정착이다.

백2로 귀에 안형을 만들면 흑3, 5로 패가 난다.

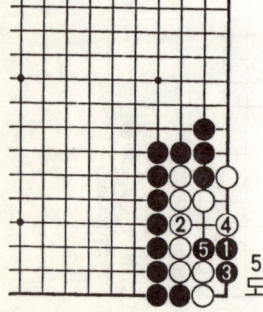 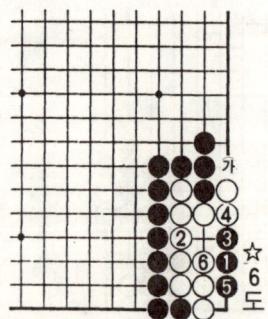

5도(후수 빅) 백이 2로 위를 잇는것이 최선의 응수. 3으로 안에 두는 것이 후수 빅. 후수 4집 약의 수이다.

6도(선수 빅) 흑은 반대쪽으로 민 다음 4를 기다려 안쪽으로 민다. 백6은 생략할 수 없는 점이다.

흑㉮는 생각할 필요도 없는 논외이다.

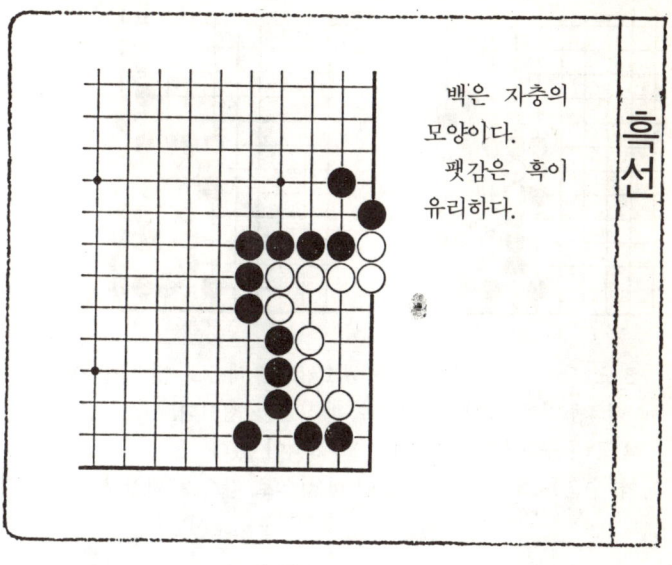

백은 자충의
모양이다.
팻감은 흑이
유리하다.

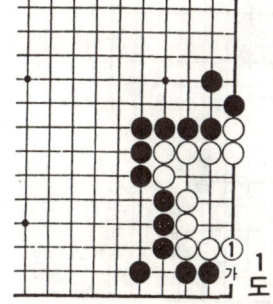

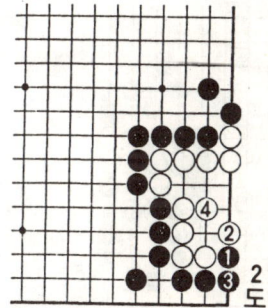

1도(백이라면) 백1의 내려섬이 6집을 확보하는 수. 다음에 ㉮의 곳 미는 것이 3집이다.

이곳은 흑의 맥점이 남아 있는 곳이다.

2도(평범) 흑1, 3의 젖혀이음은 백집이 5집 감소다. 전도와 2집강의 차이가 생긴다.

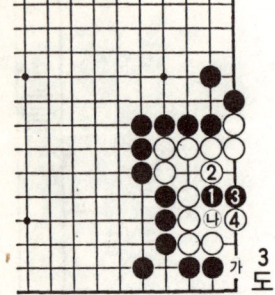

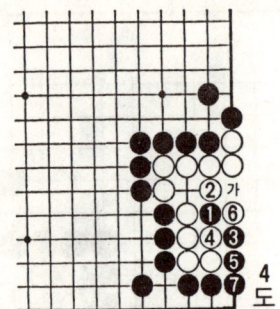

3도(5집) 흑1의 붙임은 급소인가? 백2로 받으면 흑3
에 백4, 다음 흑㉮, 백㉯로 백집은 5집이다.

4도(후수) 흑은 3의 마늘모의 맥이 있다.

이 수순은 후수이다. 백집이 4집으로 감소가 되었다.

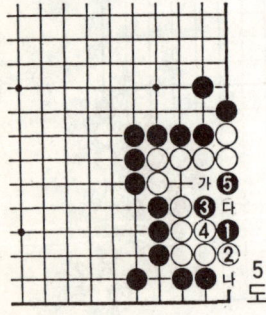

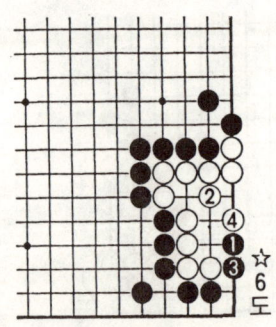

5도(변화) 흑1의 치중이 강수. 백2의 차단엔 3, 5로
패이다.

백4로 ㉮는 흑㉯로 바깥을 공격한다.

6도(쟁점) 흑1에 백이 2로 지키면 3으로 건너간다. 백
2로 4는 무조건 죽는다.

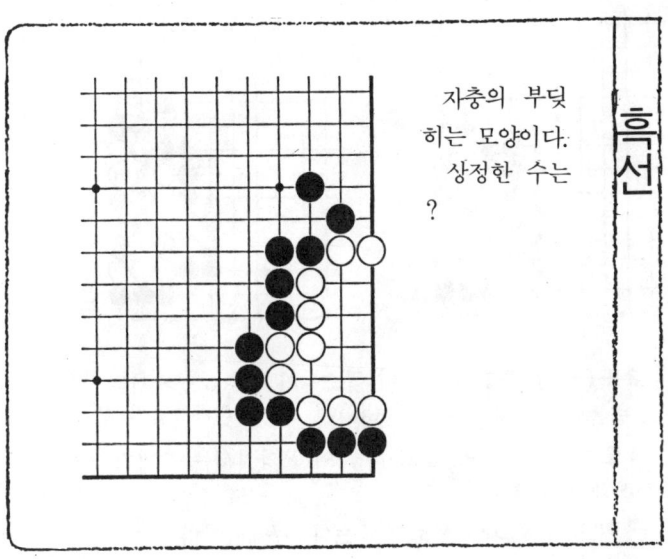

자충의 부딪
히는 모양이다.
상정한 수는
?

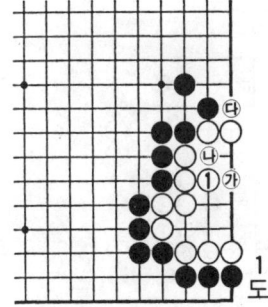

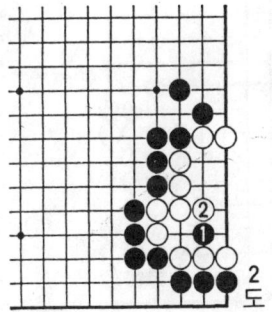

1도(백이라면) 백1의 지킴이 안전하다. 백은 8집이 생
긴다. 백1로 ㉮나 ㉯도 같다. ㉰의 곳을 나가는 것은 불
필요하다.

2도(급소?) 자충을 유도하는 흑1의 직접법은 실패다.
급소는 어딜까? 3집의 중간이라고 하는데─·

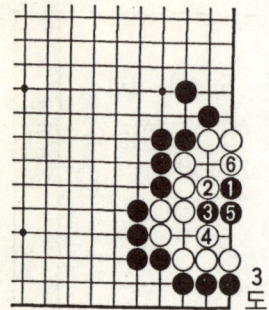 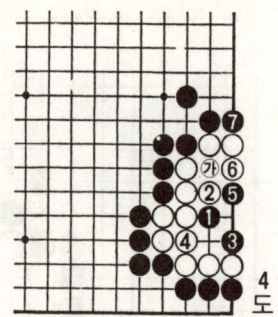

3도(8집) 흑1의 치중이 급소인가? 이 모양에서는 백2
로 받는다. 이하 6까지 그만이다.

4도(본패) 흑1이 급소이다. 이 모양에서는 7까지 외길
로 본패가 난다.

㉮의 곳을 이으면 무조건 죽는다. 문제밖이다.

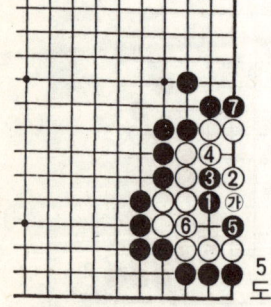 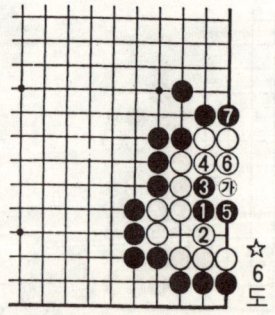

5도(뜀) 백2의 뜀도 유력한 응수이다.

흑3에서 5까지의 진행으로 빅이 난 모양이다.

3으로 5의 마늘모는 백㉮의 단수로 무조건 산다.

6도(선택) 백은 2의 막음이 최선이다. 이 모양은 빅으로
1도와 비교하면 9집의 끝내기. 백6으로 ㉮는 패.

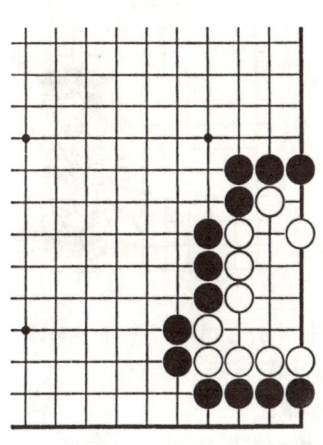

앞문제와 비
슷한 모양이다.
당연히 취해
야 할 이익은?

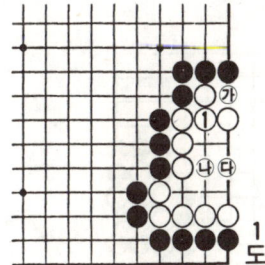

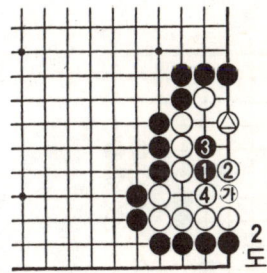

1도(백이라면) 백1의 지킴. 이 수가 최대한 7집을 보장
하는 착점이다.

백1로 ㉰의 수비는 확실히 살지만 ㉮의 곳에 흑㉮가 있
다고 할때 6집이다.

2도(탄력) 흑1의 붙임이 급소. 백2로 3은 흑㉮로 될
자리.

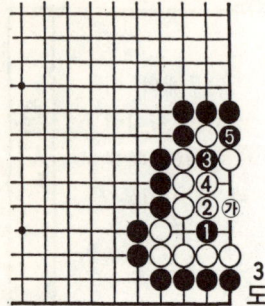

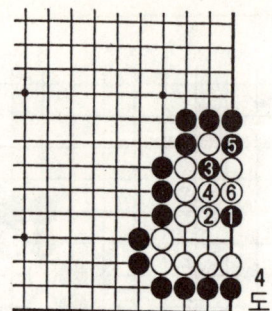

3도(7집) 혹1의 붙임에는 3, 5 까지 주문이 통한다.

백2로 ㉎로 받음도 7 집이다.

4도(급소) 혹1이 급소일까?

혹3, 5로 바깥을 공격하여 백집은 6집 약이 된다.

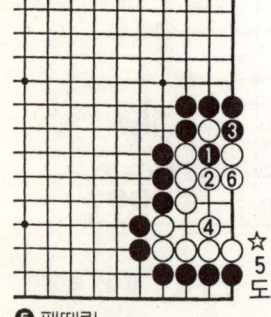

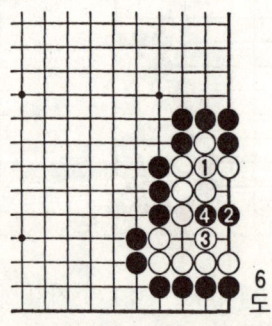

❺ 패때림

5도(4집) 혹1, 3으로 바깥을 공격하는 것이 4집이다.

1도와 비교하여 이것은 3집약의 끝내기.

6도(빅) 전도 백4로 살지 않으면 혹은 2, 4로 통하여 빅
이 난다. 후수 5집의 수이다.

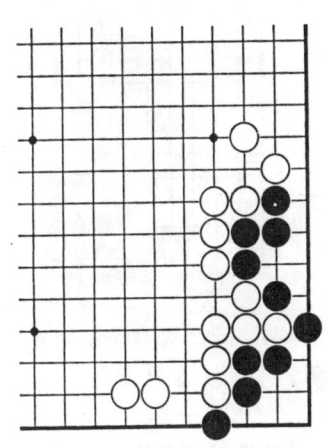

좌변에 1집,
귀에 1집이다.
어떤 끝내기
가 있을까?

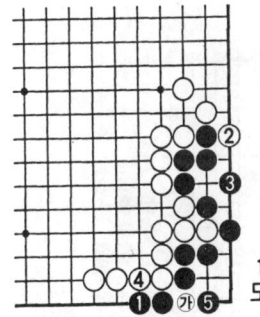

1도 (흑이라면) 흑1로 는다.
흑3의 지킴도 좋은 수이다. 흑집은 6집이다.
흑5로 ㉮의 이음도 있다.
2도 (평범) 백1의 막음에는 흑2의 받음.
백3엔 흑4로 너무 알기 쉽다.

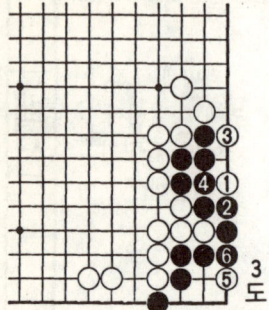
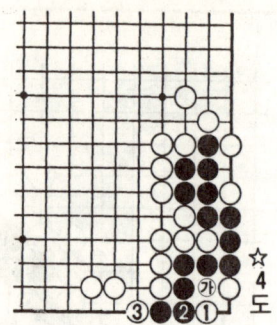

3도(2의 1 치중) 백1, 3의 치중으로 흑돌의 탄력을 빼앗는다. 계속하여 백5의 치중이 2의 1의 급소.

흑6의 이음으로 어느 정도 정형인데— .

4도(치중) 전도에 계속하여 백1의 마늘모.

흑2, 백3 다음 ㉮의 누르는 수는 없다.

흑2로 ㉮는 백3으로 패이다.

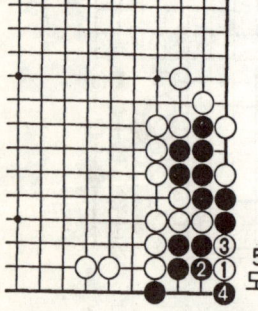
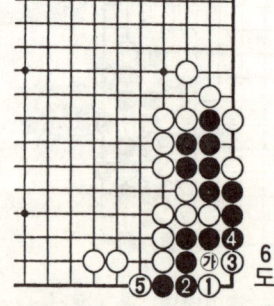

5도(흑사) 백1의 치중에 흑2의 받음은 3으로 단수한다.

흑4로 때려도 먹여치면 흑대마는 살지는 못한다.

6도(치중) 3도의 백1은 본도의 방향의 치중도 같다.

흑4로 ㉮는 백5로 패이다.

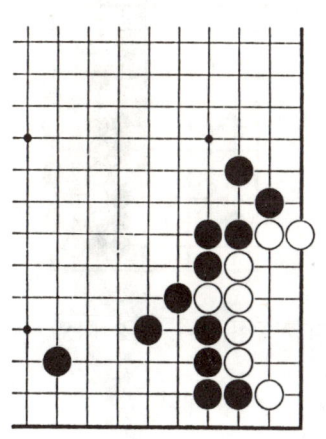

흑의 눈목자에 백이 3·3에 침입하여 생긴 모양이다. 귀의 백집은 6집이다. 자충을 유도하는 끝내기의 맥은?

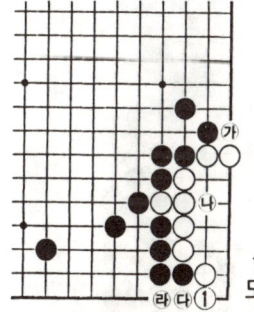

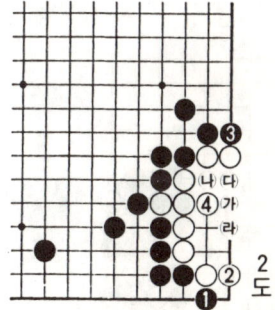

1도(백이라면) 백1의 내려섬. 이 집은 9집으로 불어난다. 흑㉮, 백㉯, 백㉰, 흑㉭로 된다.

2도(평범) 흑1의 젖힘. 3의 내려섬은 전도와 비교하여 선수 4집의 끝내기.

백4로 ㉮는 흑㉯, 백㉰, 흑㉭로 죽는다.

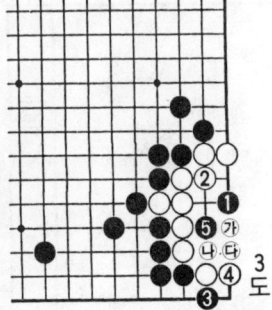
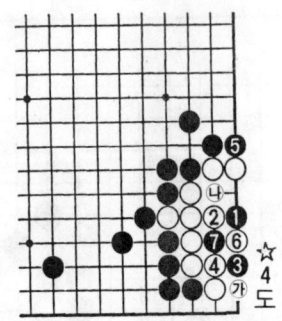

3도(치중의 응수) 흑1의 치중이 있다. 백2에는 흑3으로 4를 강요한다.

백2로 ㉮의 붙임은 흑2로 끊음을 방지.

흑5, 백㉯, 흑㉰까지 다음 도와 같다.

4도(선택) 백2가 통상의 받는 수. 백4에서 5의 바깥쪽 막음. 백6으로 패이다. 백㉮, 흑㉯로 무사.

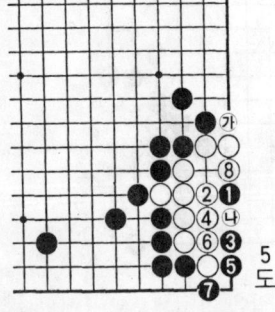
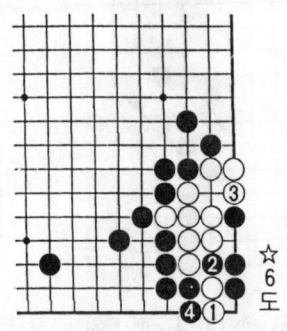

5도(후수) 백4의 빈삼각은 5까지 일장일단이 있다.

6도(선수를 탈환) 전도 백6으로 1의 내려섬은 1도와는 10집의 차이, 전도와는 선수 7집의 차이이다.

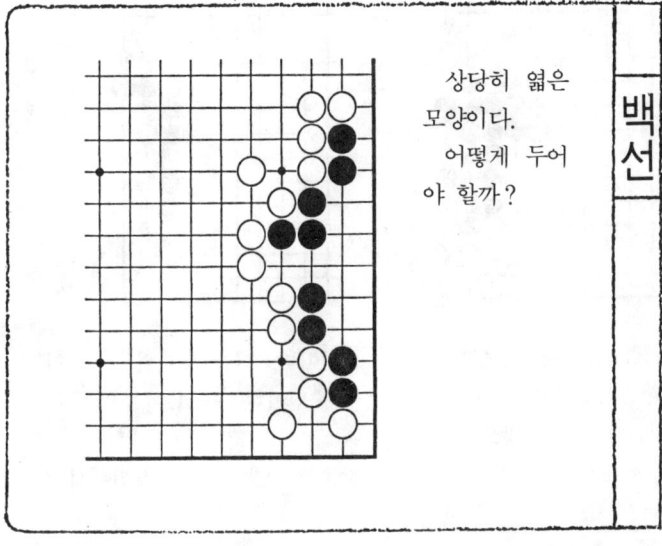

상당히 엷은
모양이다.
어떻게 두어
야 할까?

백선

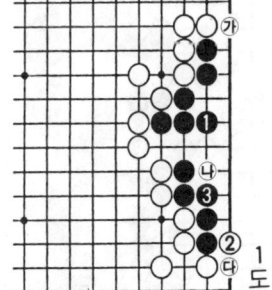

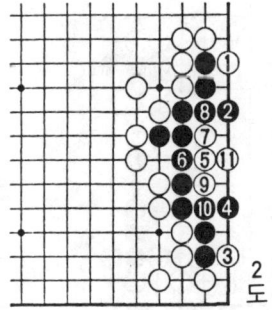

1도(흑이라면) 백 1의 내려섬. 이것은 ㉮의 선수 젖힘을
내려본다. ㉯의 곳을 두는 것은 ㉰의 젖힘을 노린다.
혹집은 9집이다.

2도(끝내기) 백 1, 3의 양젖힘은 11까지 최선의 수이다.
전부를 잡고자 한다.

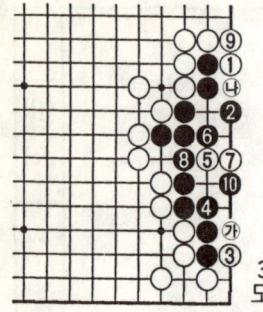

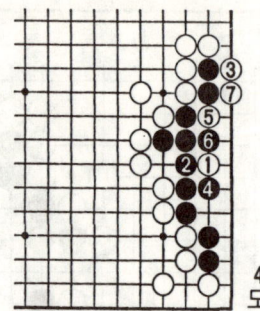

3 도(견고) 흑 4 의 이음이 요령이다. 다음 흑 6 의 곳이 안형이다. 백 7, 9 로 유력한 추구 수단이다. 10의 마늘모 다음 ㉮ 와 ㉯가 맞보기.

4 도(후수) 백 1 에 흑 2 의 받음은 다음 백 3 의 젖힘에서 7 까지 된다. 이것은 후수이다.

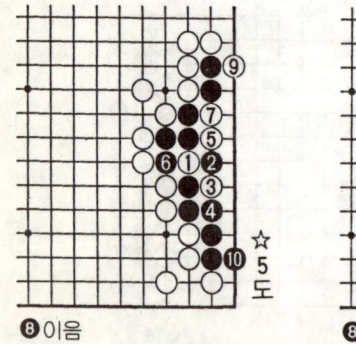

❽이음

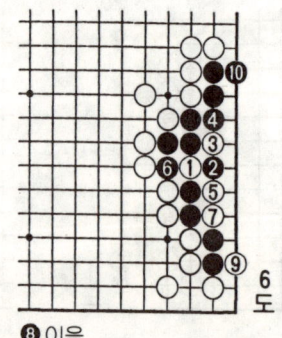

❽이음

5 도(철저추구) 백 1 의 끼움에서 3 의 단수까지.
흑의 자충을 철저히 추구를 한 모양이다.
1 도와의 차이는 8 집강의 계산이다.
6 도(작은 차이) 백 3 의 방향의 끊음은 10의 내려섬이 있음에 미묘한 차이가 있음이 중대하다.

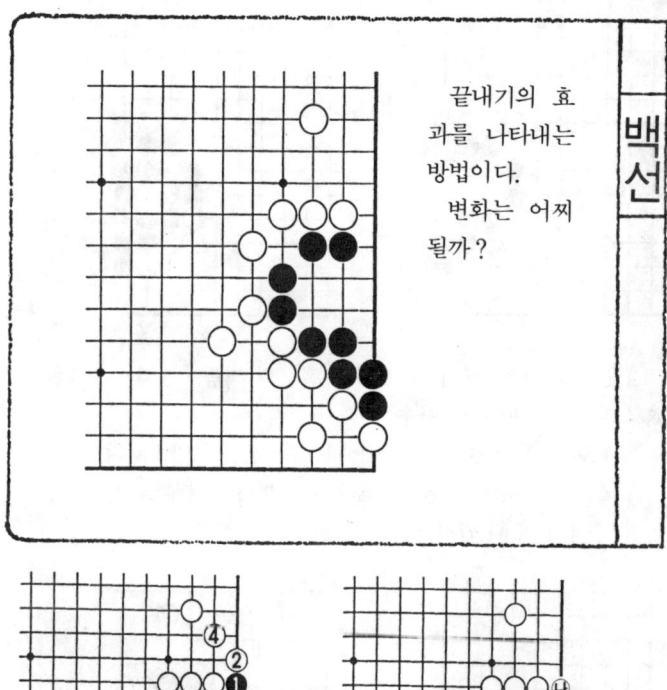

끝내기의 효
과를 나타내는
방법이다.
　변화는 어찌
될까?

1도 2도

　1도(흑이라면) 흑1의 젖힘. 백2, 4의 받음은 다음 선수
6집반의 흑집이 생긴다.　㉮의 권리는 반반이다.
　2도(반대) 백1의 젖힘이다. 흑2에는 다음에 흑㉮, 백㉯
의 권리이다.
　흑집은 5집이다.　1도와의 차이는 양선수 3집반의 차이다.

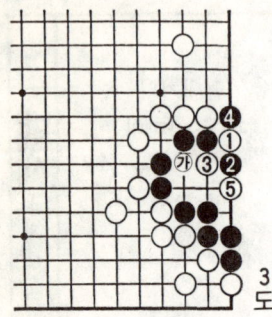

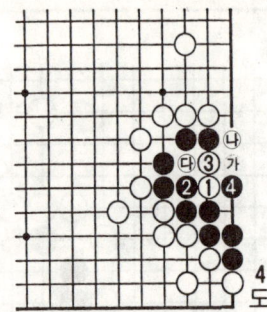

3도
4도

　3도(내려막음) 백1의 젖힘에 흑2의 막음. 3의 끊음에 흑4의 때림. 백5의 단수.

　흑4로 5의 곳을 느는 것은 흑집이 4집이 감소된다.

　4도(붙임) 백1의 붙임. 흑2에는 백3의 늘음.

　백㉮에서 흑㉯까지―·

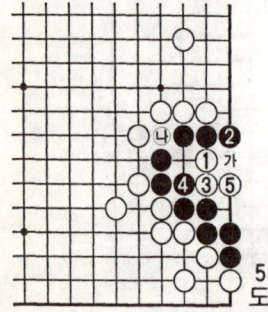

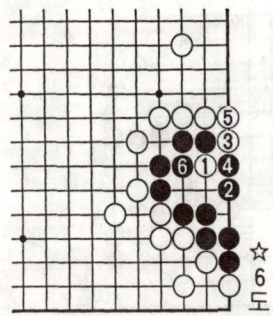

5도
6도

　5도(급소) 백1의 껴붙임. 3도의 백3과 같은 급소이다. 흑2의 내려섬에는 백3, 5까지. ㉮와 ㉯가 맞보기이다. 무조건 죽는다.

　6도(최선) 흑2의 마늘모. 백3, 5의 젖혀이음까지.

　흑집은 4집이다. 1도와의 차이는 양선수 4집반의 차이다.

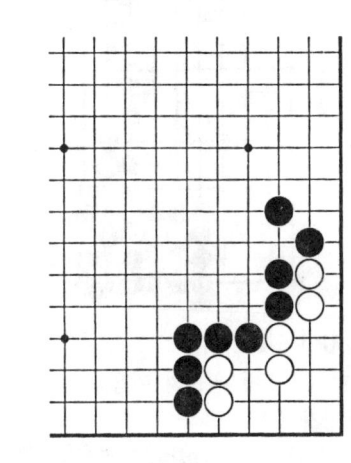

백이 엷은 모
양이다.
자, 어떻게
두어야 할까?

흑선

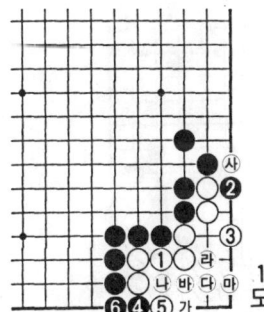

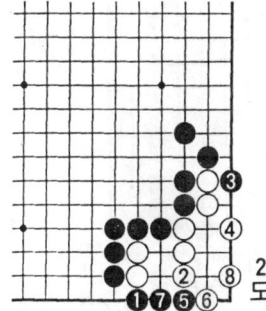

1도(백이라면) 백1의 이음이 있다. 이것이 두터운 끝내
기다. 흑4, 6으로 젖혀 이으면 손을 뺀다.

흑㉮ 이하 ㉯까지 백은 10집.

2도(선수) 흑1의 젖힘에 백2의 막음은 최선이다.

1도와 비교하여 선수 7집의 끝내기다.

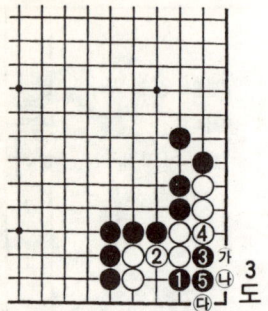

3 도

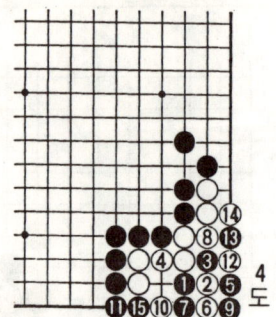

4 도

3 도(함축성) 흑 1 의 코붙임이 급소이다.

백 2 에는 3 의 젖힘이 있다. 백 4 에 흑 5 의 이음.

백 ㉮, 흑 ㉯, 백 ㉰ 의 끝내기가 남는다.

4 도(패) 백 2 로 막음은 흑 3 의 끊음이 있다.

이하 8 이하로 패가 난다.

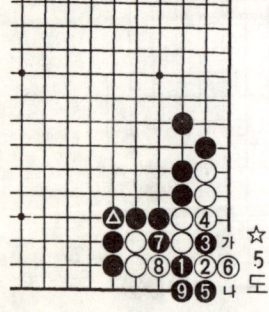

5 도

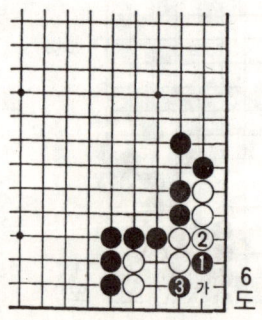

6 도

5 도(쟁점) 백 4 로 단수하는 것은 순간, 흑 5 의 단수에서

7 까지. 1 도와 비교하여 약 15집 정도 이익이다.

백 6 으로 ㉮ 는 ㉯ 의 패가 남는다.

6 도(역) 흑 1 의 붙임에서 3 까지도 결과는 같다.

백 2 로 ㉮ 에는 흑 3 의 끊음이다.

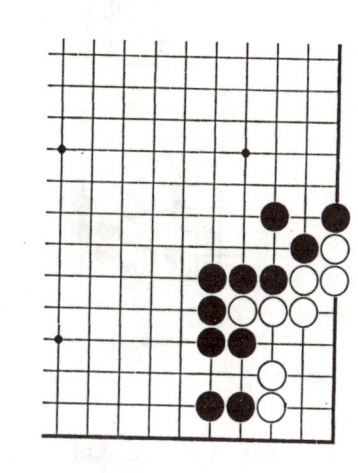

내측의 맥일
까? 외측의 맥
일까?
확실하게 요
구되는 곳이다.

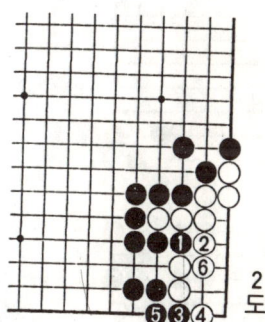

1 도 (백이라면) 백 1 의 이음. 그러면 흑 2, 4 의 젖힘이다.

백 1 로 2 의 곳을 내려서면 흑 1, 백 ㉮, 또는 ㉯ 로 맥이
발생한다.

2 도 (1 집) 흑 1 로 나가고 나서 3, 5 의 젖혀이음.

전도와 비교하여 1 집의 이득에 지나지 않는다.

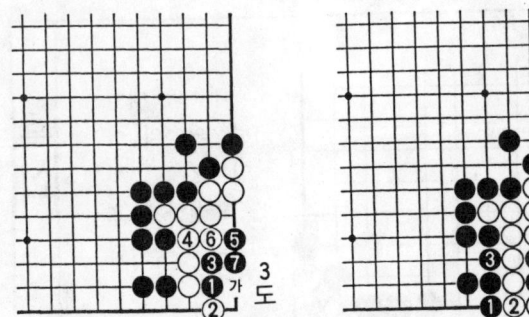

3 도(패인가, 빅인가) 흑 1 의 꺼붙임이 예리하다. 백 2 의 젖힘이 유일한 방수. 이하 7 까지인데 흑 7 로는 ㉮의 곳 내림이 있다.

4 도(만년패) 백이 전도를 방치하면 1, 3 으로 조여 만년패이다.

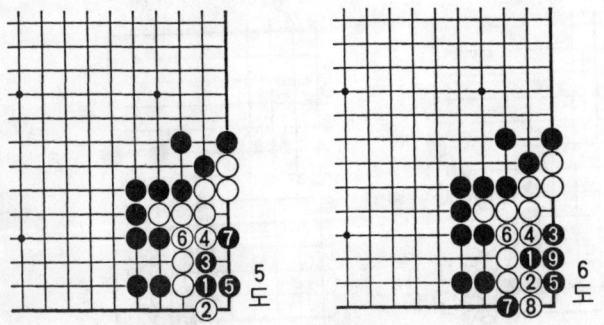

5 도(확실한 빅) 흑 7 까지 확실한 빅의 형태다.

흑 5 의 내려섬에 백 6 을 강제하는 것이 교묘하다.

1 도와 비교하여 7 집의 끝내기.

6 도(붙임) 흑 1 의 붙임으로 두는 수가 있다.

패를 피하여 흑이 손해이다.

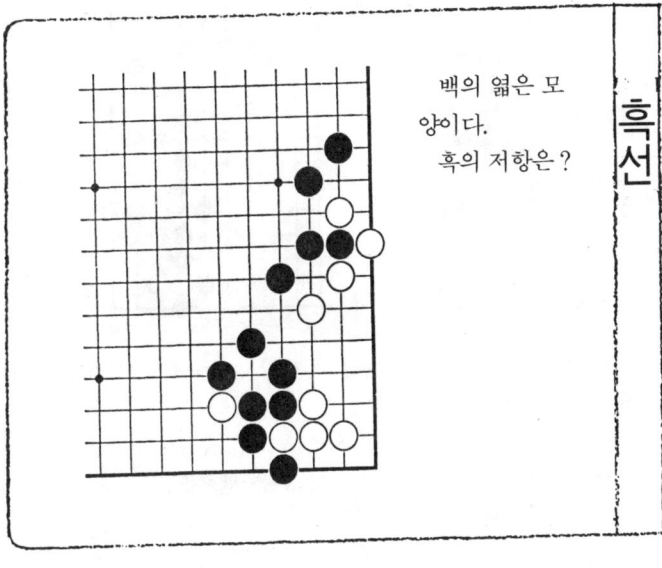

백의 엷은 모
양이다.
　흑의 저항은?

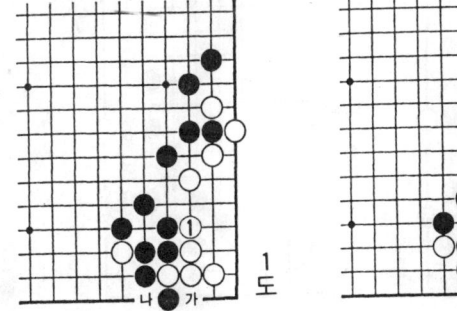

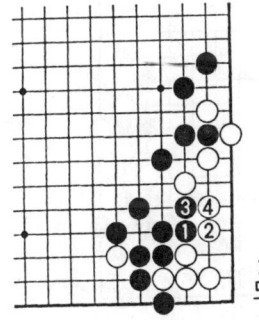

1도(본수의 올라섬) 백1로 올라서는게 본수이다.

㉮의 내림을 고려한다.　다음 ㉮는 흑㉯로 5집의 수.

2도(평범) 흑1, 3의 누름은 평범하다.

9집의 백집이 확정이 되었다. 전도와 큰 차이가 난다. 맥
을 알지 못한 평범한 수이다.

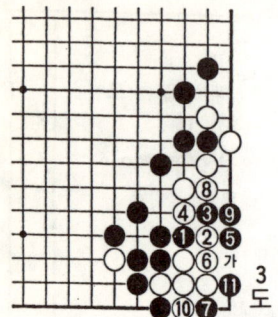

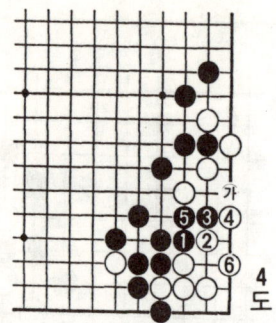

3도(패의 수순) 흑 1에서 3의 젖힘. 다음 백 4의 끊음,
흑 5에서 7의 붙임이 맥이다.

백10으로 ㉮의 단수는 흑10으로 무조건 죽는다.

4도(저자세) 백은 4로 저자세. 다음 백 6으로 ㉮의 건넘
은 흑 6으로 죽는다.

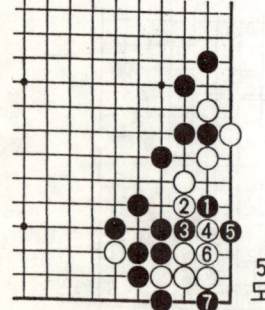

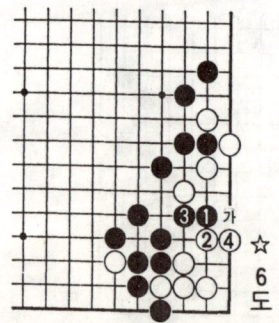

5도(일자) 엄밀히 따져서 전도는 흑이 불만이다.

흑 1에는 백 2, 4의 차단. 흑 5의 단수 다음에 7로 붙여
1도와 같다.

6도(2집 이익) 백 2, 4의 받음은 다음 흑 ㉮의 내려섬이
있다. 4도의 패맛이 소멸된 흑최선이다.

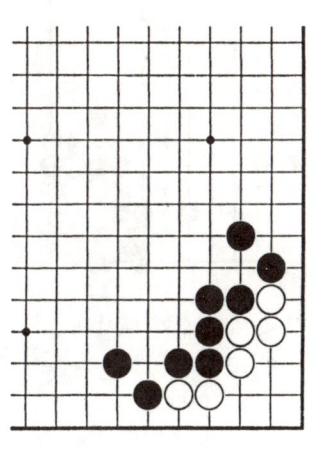

백 모양에서 끝내기의 자충을 이용하여 보자.

의외로 백집을 삭감하는 수가 있다.

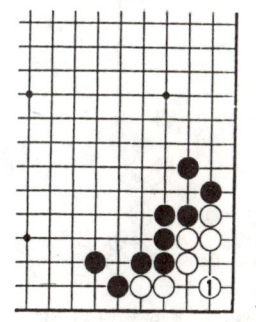

1도

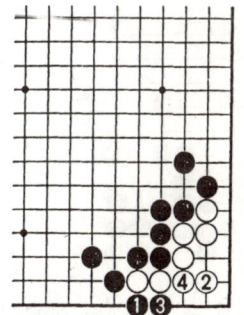

2도

1도(백이라면) 백1의 지킴이 있다. 난공불락의 9집이다.

2도(평범한 젖힘) 흑1의 젖힘은 손해이다.

너무 이득이 없다. 전도와는 3집 차이지만 백집은 같은 6집이다.

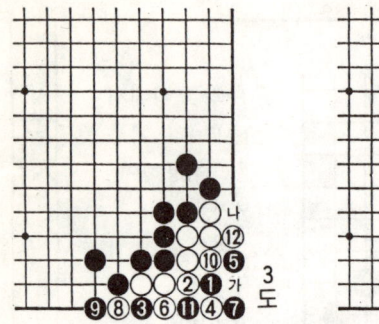
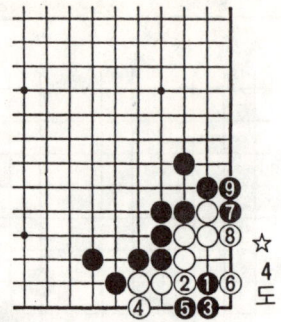

3도(양패) 흑1의 치중에서 3의 젖힘이 맥이다.

백4에는 흑5의 마늘모, 이하 12까지다.

백6으로 10, 흑⑦, 백6은 흑⑭이다.

4도(쟁처) 흑3으로 빠져 이하 9까지 빅의 형태다.

1도와의 차이는 9집이다.

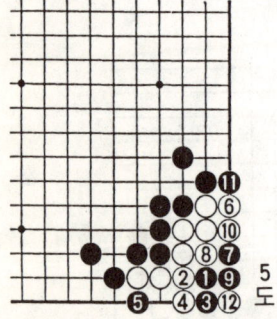
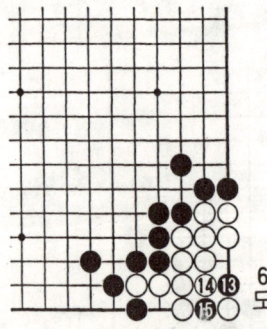

5도(후절수) 3의 내려섬에 백4의 내림은 흑5를 불러 일으킨다.

백10, 12로 4점을 때려내도 무조건 살지는 못한다.

6도(패) 13으로 누르면 백14로 단수한다. 그러면 15로 때려 패를 다툰다. 백은 4도의 정해를 택한다.

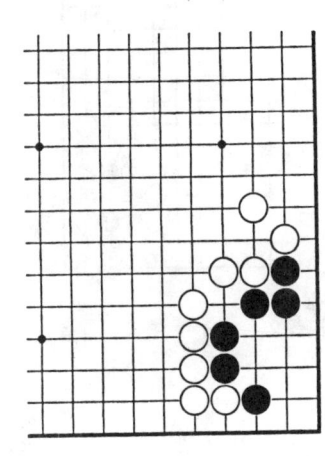

자충을 철저히 이용하는 곳이다.

어떤 묘수를 구하여야 하나?

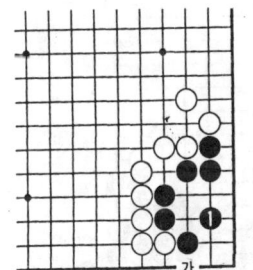

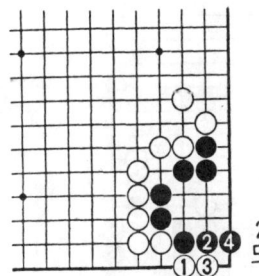

1도(흑이라면) 흑이 선수이면 **1**의 곳이다. ㉮의 내려섬이 이득이 아님을 알아야 한다.

어쨌든 이 수비는 역끝내기 10집이다. 후수로 환산하면 후수 20집의 수이다.

2도(무책) 백**1**, **3**으로 미는 것은 책략이 부족한 수이다. 다른 수가 성립하지 않는다.

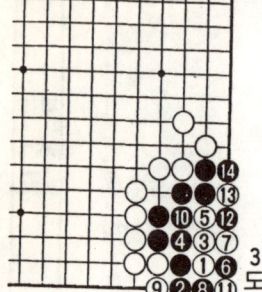

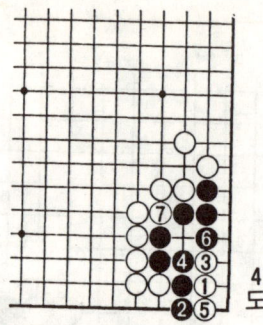

3도(양패) 백1의 붙임에 흑2, 백3에 흑4, 끊음은 무의미하다.

이하 **14**까지 양패가 된다.

4도(연단수) 백은 1, 3으로 두어 7까지로 흑은 무조건 죽는다. 흑6으로 7은 백6으로 유가무가의 형태.

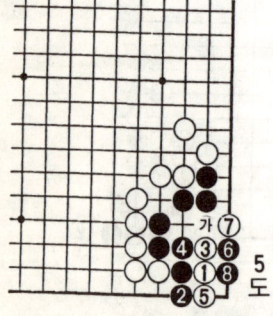

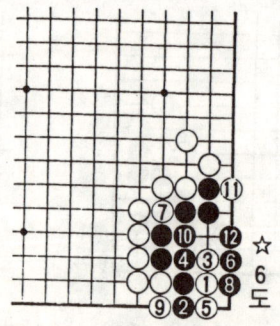

5도(받음의 묘수) 백3에서 5까지 된 다음에 흑6의 붙임이 받음의 묘수이다.

백7에는 흑8이 또 다른 묘수이다.

6도(쟁처) 흑6에 백7로 바깥을 봉쇄하여 공격을 하는것은 이하 흑**12**까지 쌍방최선이다.

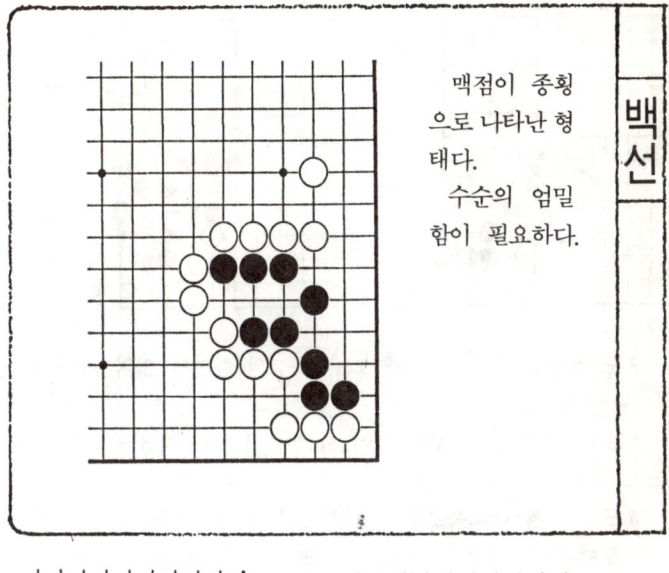

맥점이 종횡
으로 나타난 형
태다.
수순의 엄밀
함이 필요하다.

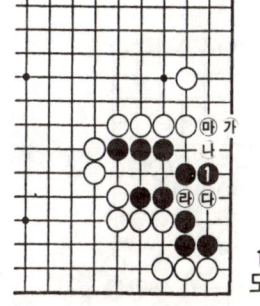

1
도

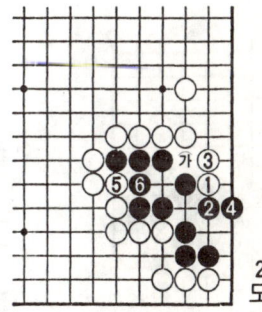

2
도

1도(흑이라면) 흑1의 내려섬으로 산다. 다음 ㉮의 미끄
러짐을 노린다. 흑1로 ㉯는 백㉰의 치중이 있다.

흑㉱, 백㉲의 받음이 있다.

2도(달콤하다) 백1, 3은 전도와는 큰 차이가 난다.

흑2로 3은 백2, 흑㉮, 백6으로 크게 변화한다.

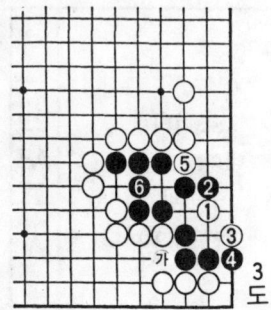 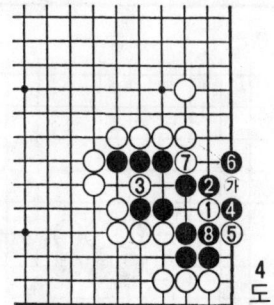

3도(들어옴) 백1의 치중 다음 흑2의 차단엔 3의 마늘
모가 있다.

백3은 ㉮의 곳이 열려 있어 자충이 아니다. 백5에 흑6
으로 그만이다.

4도(고심의 패) 흑2는 8까지 고심의 패가 난다.

흑6에 ㉮는 백7로 무조건 죽는다.

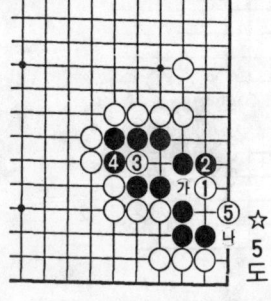 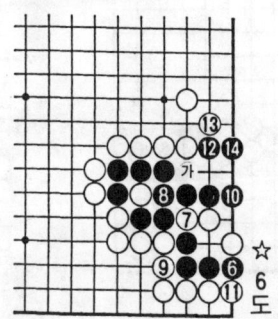

5도(유혹) 흑은 4의 이음 다음에 백5의 마늘모.

흑㉮, 백㉯로 즉사.

6도(사석) 흑6으로 막으면 백7, 9 다음 흑12, 14로 산다.

1도와는 15집의 끝내기가 난다.

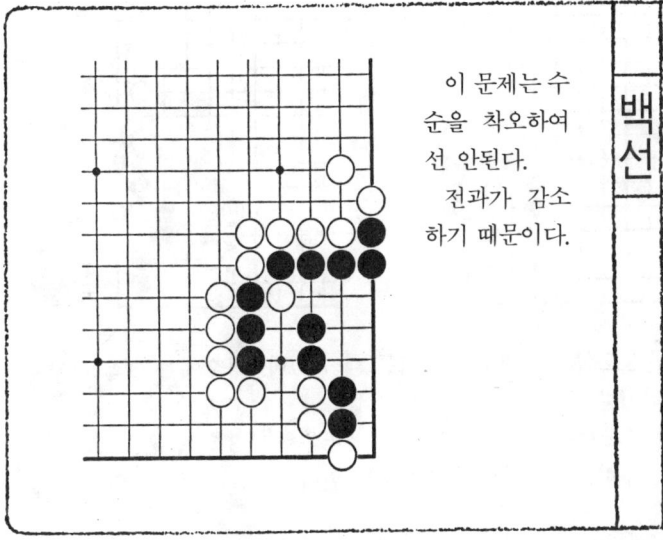

이 문제는 수순을 착오하여선 안된다.
전과가 감소하기 때문이다.

백선

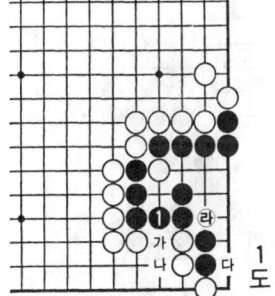

1 도

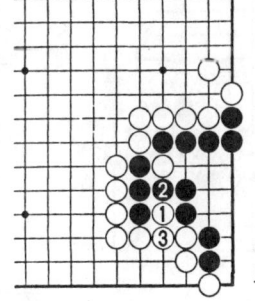

2 도

1 도 (흑이라면) 흑 1 의 지킴이다.

흑㉮, 백㉯의 집이 흑의 권리이다. 흑집은 백㉰ 흑㉱로 약 10 집이다. 끝내기에서 15 집의 나감이 있다.

2 도 (경솔) 백 1, 3 으로 그냥 미는 것은 경솔하다.
큰맛이 소멸되었다.

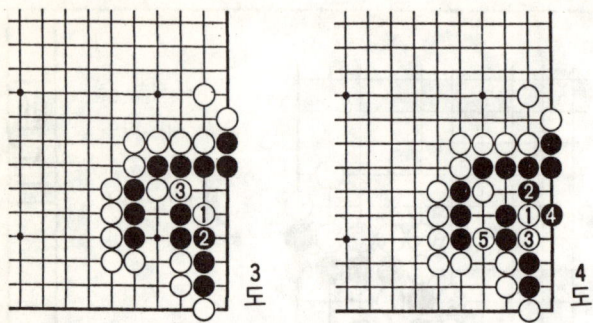

3도(붙임) 백1로 붙이는 맥이 있다. 흑2에는 3으로 내려선다.

4도(뒤떨구기) 흑2로 안쪽 받음은 백3으로 끊는다.
흑4로 단수하면 백5로 단수한다.

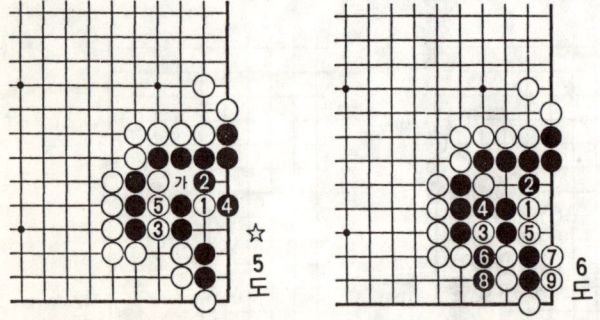

5도(1집이익) 전도의 원리를 밟아서 바른 수순은 3의 단수이다.

흑4에는 백5, ㉮의 곳이 남아 전도보다는 1집이익이다.
이것이 서로 최선이다.

6도(흑사) 백3의 젖힘에 4의 이유는 흑6으로 빈격을 하여도 백9까지 귀에서 산다. 흑은 무조건 죽는다.

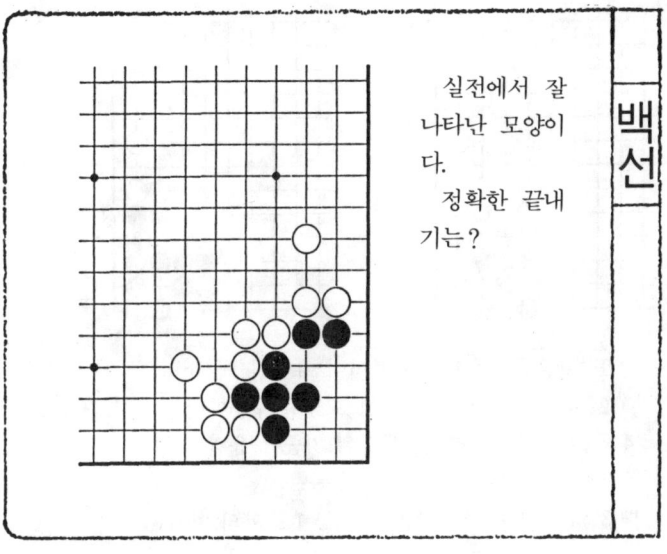

실전에서 잘 나타난 모양이다.

정확한 끝내기는?

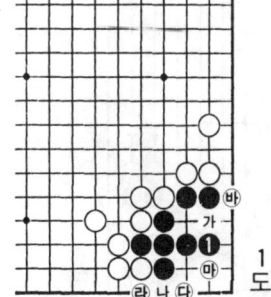

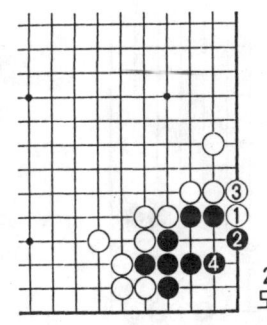

1도(흑이라면) 흑1의 지킴이다.

이 수로 ㉮는 백㉯, 흑㉰, 백㉲로 젖혀이은 다음에 ㉱의 곳 치중이 있다. 흑1로 ㉯는 백㉰의 젖힘이 선수이다.

2도(어리석은 수) 백1, 3의 젖힘은 어리석은 수이다. 큰 손해이다.

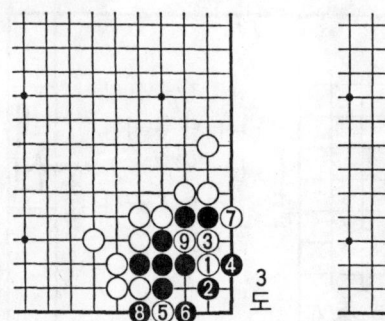

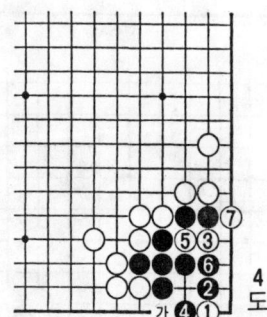

3도(코붙임) 백 1 의 코붙임이 유력한 맥점이다.

흑 2, 4 에는 백 5 의 젖힘이 교묘한 수순이다.

4도(2 의 1 의 치중) 백 1 의 치중이 유력하다.

흑 2 에는 백 3, 5 다음 7 까지 ― ·

백 3 으로 ㉮ 는 흑 3 으로 산다. 1 도와의 차이는 10집이다.

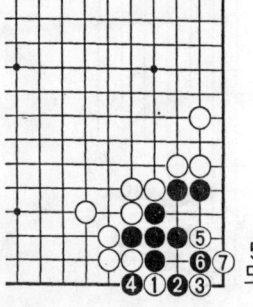

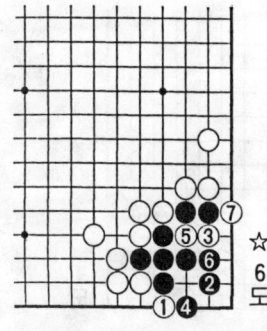

5도(젖힘은 가벼운 수) 백 1 의 가벼운 젖힘, 흑의 응수를 묻는 맥이다. 이것이 최선이다. 7 까지 2단패가 난다.

6도(쟁처) 흑 2 로 받는다. 백 3 의 붙임에서 이하 7 까지 4 도와 같은 진행이다.

1 도와 비교하여 10집반의 끝내기로 이것이 최선이다.

제 3 장

빛나는 한 수

남아있는 1집, 2집의 장소에서 정확하게 두기란 쉽지가 않다.

왜냐하면 1집의 끝내기엔 그 나름의 가치가 있기 때문이다.

이 장에서는 끝내기의 초점이 되는 곳을 나타내 보았다.

끝내기의 맥은 사활과 중반의 맥을 가볍게 여기지 않는다. 왜냐하면 이것이 승패에 영향을 주기 때문이다.

맥점의 발생에 따른 모든 점을 주의하여 살펴보자.

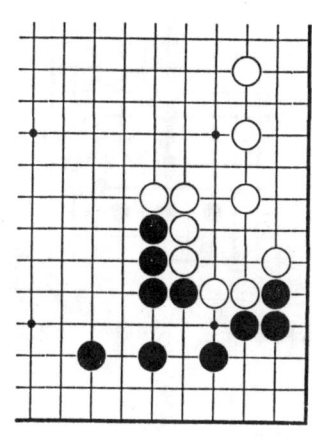

문제는 좌변
인데 백의약점
은 크다.
맥점을 발견
해야 한다.

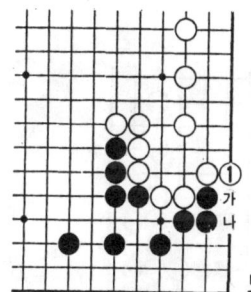

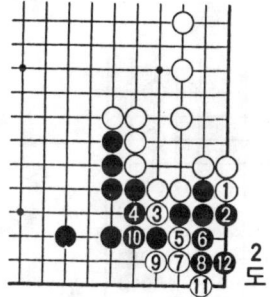

1도 (백이라면) 백 1 의 내려섬이다. 큰 수로 역끝내기 5
집이다. 양선수로 환산을 하면 약10집에 상당한다.

백 1 로 ㉮, 흑 ㉯, 백 1 도 있다.

2도 (사족) 시기를 보아 백 1, 3 의 선수 끝내기. 이것은 백
의 권리이다.

이것은 귀의 흑맛이 나쁘다. 흑 4 로 10은 2 집 손해이다.

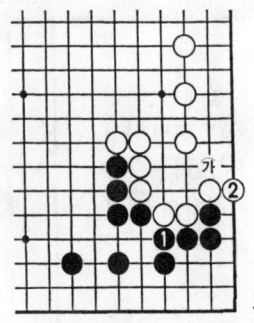

3
도

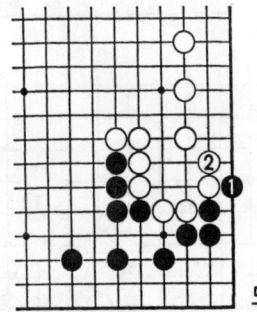

4
도

3도(한발 늦다) 혹1로 공배를 두는 것은 즉시 백2로 내려선다.

㉮의 붙임이 사라진다.

4도(젖힘) 혹1의 젖힘은 선수이다.

이것은 1도와 3집 차이다.

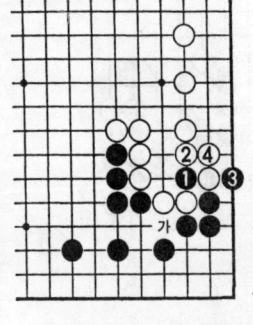

☆
5
도

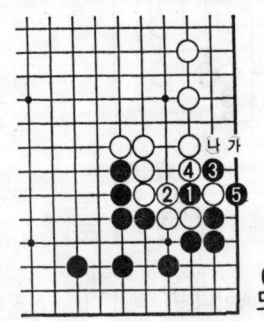

6
도

5도(끊어둠) 혹1의 끊음에 백2의 단수이면 3으로 민다.

혹㉮의 단수가 있어 전도와 차이가 2집이다.

6도(패) 백2로 이으면 이하3, 5로 패가 난다.

혹㉮, 백㉯로 우변이 감소한다.

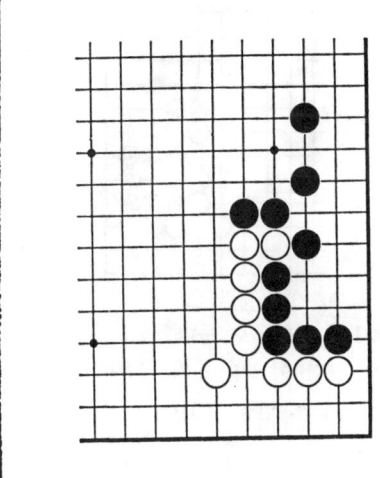

우변 흑집을
삭감하는 방법
이다.
　평범한 수로
는 침입이 어렵
다.

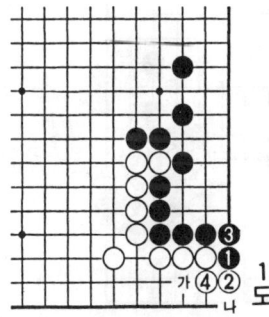

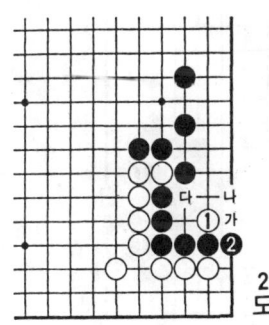

1도(흑이라면) 흑1, 3의 젖혀이음이 있다.

백4는 손을 뺄 가능성이 높다. 흑4, 백㉮, 흑㉯로 6집
이다. 흑이 3집의 이익이 남는다.

2도(몽상) 기분만 급하여 백1의 붙임은 흑2로 바꿔그만
이다. 흑2를 ㉮하면 ㉯로 단수하고 ㉰의 곳을 끊는다.

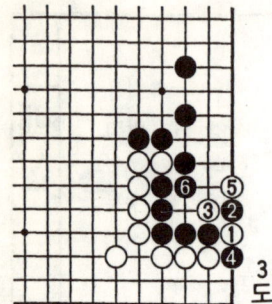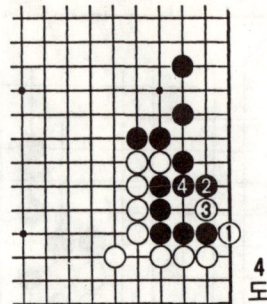

3도(젖힘에서) 평범히 백1의 젖힘으로 둔다. 흑2에는 백
3이 날카로운 한 수다. 흑이 패를 이으면 6의 끊음이 있다.

4도(상황) 흑2에는 3의 마늘모 받음이 있다.

주위 상황에 따라 둔다.

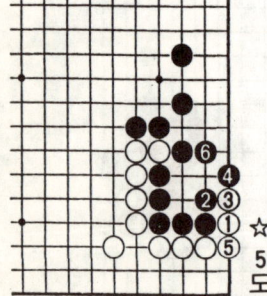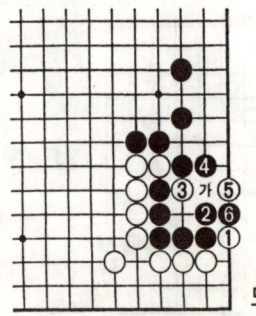

5도(쟁처) 흑2로 느는 것은 이하 6까지 는다.

1도와 비교하여 약9집의 선수 이익이다.

6도(맹점) 흑2로 늘때 백3의 끊음은 어떨까.

이것은 흑4의 맹점의 받음이 있다.

백3으로 ㉮, 흑6, 백3은 흑4이다.

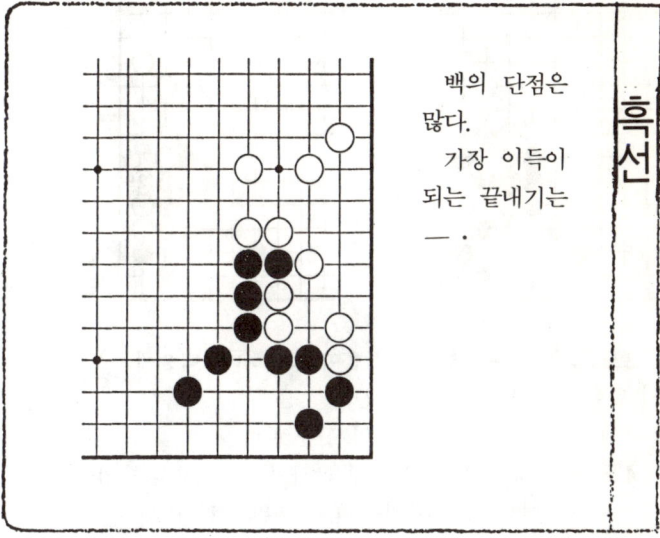

백의 단점은 많다.
가장 이득이 되는 끝내기는
— .

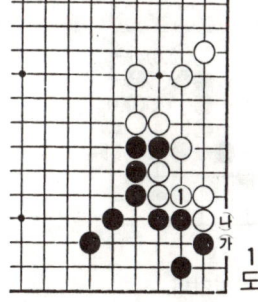

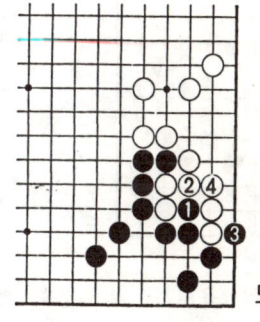

1도(백이라면) 백1이 최대한의 지킴이다.
다음에 흑㉮, 백㉯의 내려섬을 본다.
2도(경솔) 흑1, 3은 선수이긴 하지만 맛이 소멸 되었다.
백4로 이어 이 모양은 끝이다.

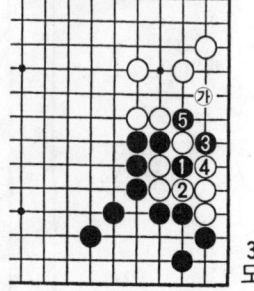

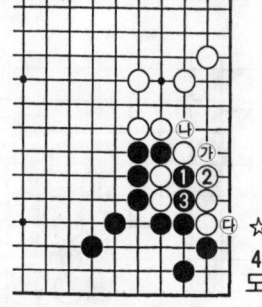

3도(꽃놀이 패) 흑1의 끊음이 강렬하다. 백2에는 흑3의 젖힘이 맥이다. 5까지 패.

백이 패를 이으면 흑은 ㉮의 곳을 둔다.

4도(쟁처) 그래서 백은 2점을 사석으로 이용할 수밖에 없다. 흑㉮, 백㉯에서 ㉰의 젖힘은 흑의 권리이다.

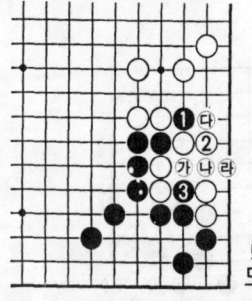

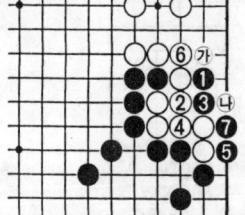

5도(역끊음) 흑1의 끊음은 백2가 최선이다.

흑3에는 손을 빼는 것이 유력하다.

흑㉮, 백㉯, 백2로 ㉮의 이음은 흑㉰ 백2 다음 ㉱의 곳 치중이 있다.

6도(붙임) 흑1의 붙임도 맥인데, 이하 7까지 건너간다. 다음 백㉮, 흑㉯를 본다. 4도보다는 흑이 1집 손해.

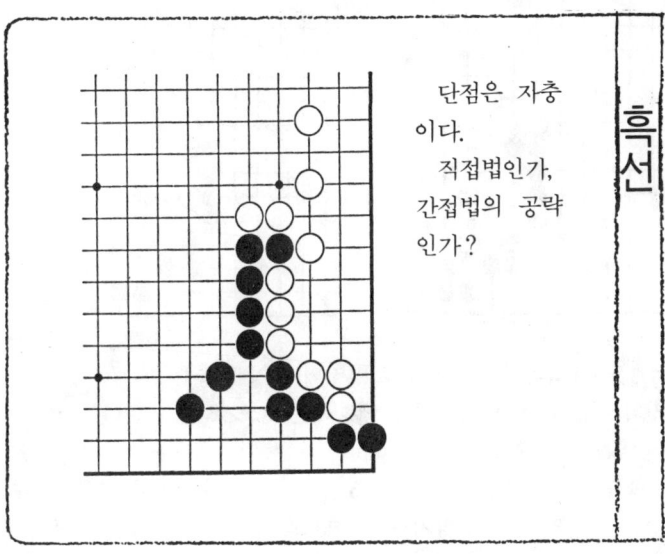

단점은 자충이다.

직접법인가, 간접법의 공략인가?

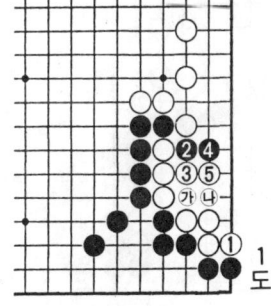

1도

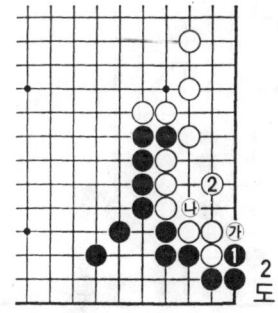

2도

1도(백이라면) 백1의 내려섬이다.

흑2의 끊음은 백3, 5까지. 흑㉮의 끊음은 ㉯로 축이다.

2도(발이 느리다) 흑1로 나가는 것은 백2로 그만이다.

백2로 ㉮는 흑㉯의 끊음으로 나쁘다.

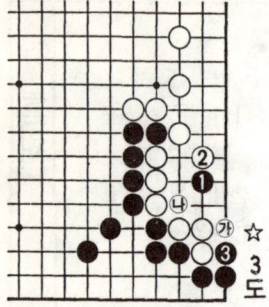
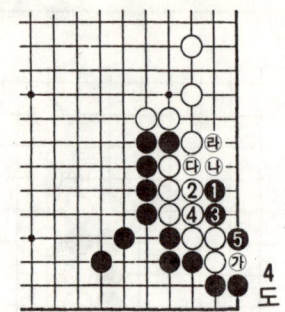

3도(3점의 중간) 흑1로 3점의 중앙에 놓는 맥은 중반전의 사활에 잘 나타난다. 백2에는 3으로 밀고 온다. 백㉮에는 흑㉯의 끊음이 있다.

4도(최악) 백2에는 흑3, 5가 노골적이다. ㉮의 단수가 있어 최악의 형으로 방치하여 두면 흑㉯, 백㉰, 흑㉱까지 진행된다.

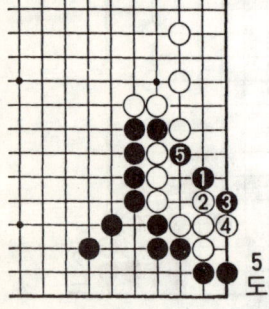
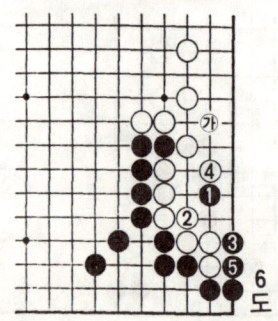

5도(젖힘) 백2에 3의 젖힘이 가볍다.
흑5의 끊음이 자충을 유도, 결국 4로 건너감을 허락한다.
6도(쟁처) 흑2의 이음엔 3의 건넘이 있다.
결국 5까지 건너가게 되는데 다음 ㉮의 맥이 남는다.

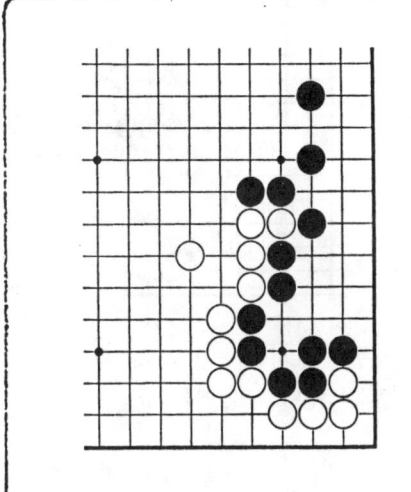

맞이 나쁜 흑의 모양이다.
의외의 맥이 있다.

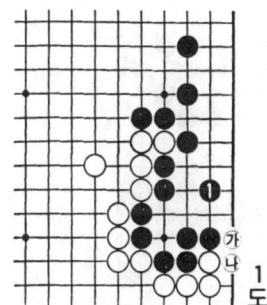

1도

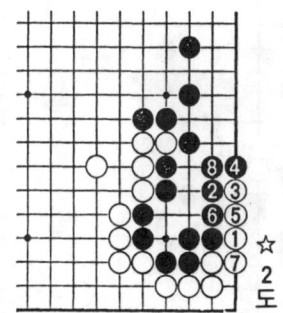

2도

1도 (흑이라면) 흑 1의 보강은 확실한 수이다.

다음 ㉮의 곳으로 내려서면 백도 ㉯의 곳으로 내려선다.

2도 (선수) 백 1의 젖힘은 흑의 자충을 엿보는 예리한 수이다.

백 3 이하로 1도와의 차이는 선수 5 집이다.

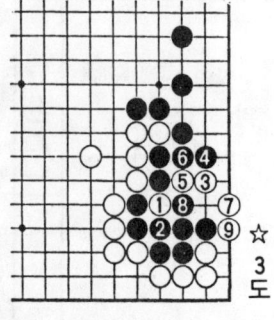

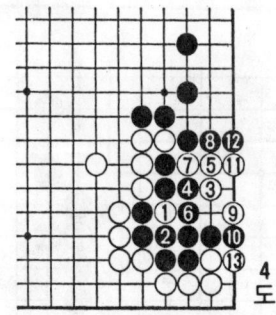

3도(건넘) 백1의 단수 다음에 3의 치중이 급소. 흑4, 6으로 받으면 백7, 9의 마늘모로 건너간다. 백은 후수 약 10집 끝내기 상당이다.

4도(빅) 흑4는 백13까지로 전도보다는 1집강의 손해이다.

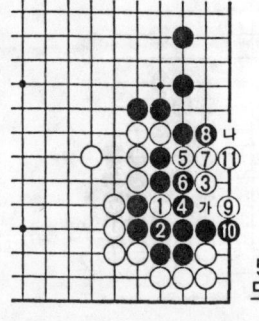

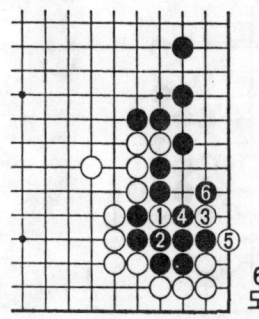

5도(같은 빅) 결국 전도와 같은 모양의 진행이다.

백9, 11까지―·

흑㉮의 단수는 패가 난다. 다음 ㉯의 곳을 내려선다.

6도(속맥) 백3의 껴붙임은 속맥이다.

선수라면 2도를, 후수라면 3도를 택해야 한다.

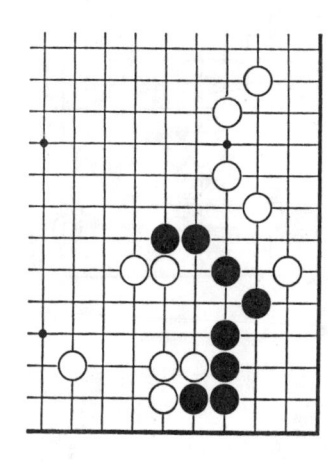

우하의 흑모
양을 감소하여
야 한다.
탄력이 있는
상용의 맥이 있
다.

백선

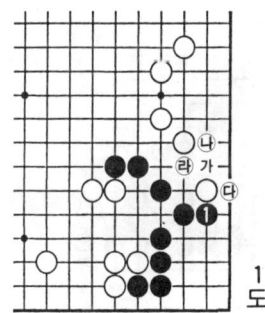

1도

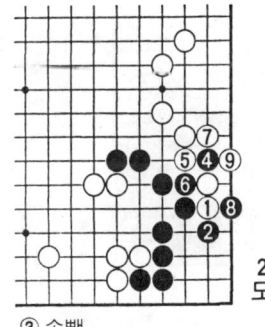

2도

③ 손뺌

1도(흑이라면) 흑1의 내려섬이다. 다음에 흑㉮, 백㉯,
흑㉣의 1점을 본다. 백㉠의 지킴이 12집의 수이다.
반절이니까 6집의 끝내기가 약속된다.

2도(속수) 백1로 미는 것은 속수이다.
흑4이하 8까지 백은 최소의 이익만을 얻었다.

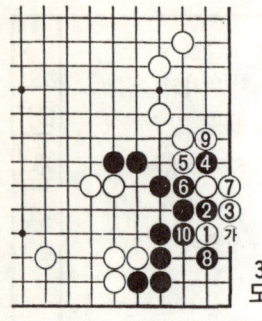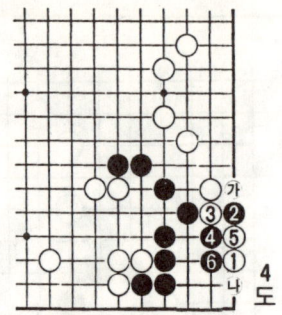

3図　　　　　　　　　　4図

3도(같다) 백1의 뜀도 역시 엷다.

흑8에는 백9로 후퇴를 한다. ㉮의곳 이음이 역끝내기 3집이다. 흑㉮로 단수하는 모양은 전도와 같다.

4도(무리) 백1의 비마는 흑6까지 된 다음에, 백㉮, 흑㉯로 되어 백이 무리다.

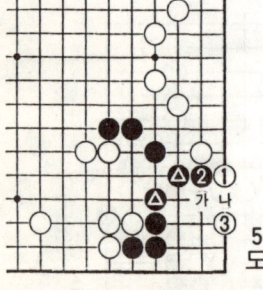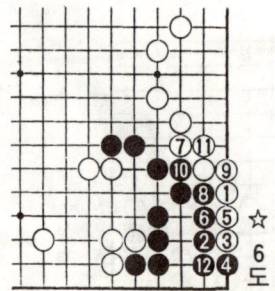

5도　　　　　　　　　　6도

5도(맥) 백1의 마늘모가 맥이다.

흑2에는 3으로 한칸을 뛴다. 흑2로 ㉮는 ㉯의 곳을 밀고 들어간다. 흑▲표들의 탄력을 피한다.

6도(쟁처) 흑은 2의 곳을 늦춰 받는다.

흑12의 이음까지 6집이다.

1도와 비교하여 선수 12집의 끝내기다.

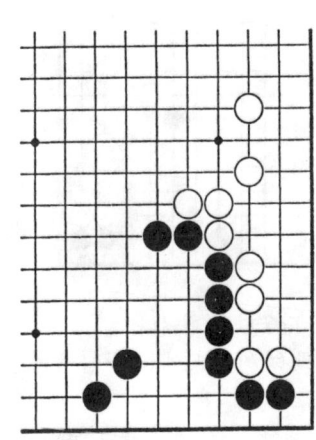

우변의 백에
대한 끝내기다.
놀랄만한 맥
을 발견하여야
한다.

흑선

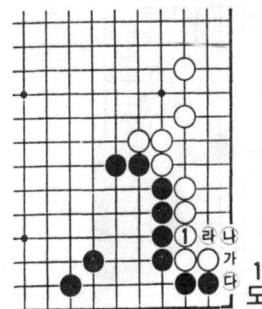

1도

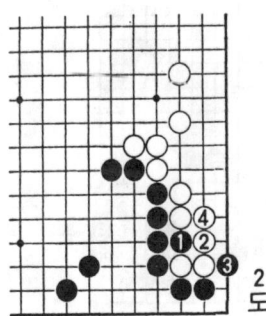

2도

1도(백이라면) 백 1 의 이음이 두텁다.

흑⑦, 백⑭, 흑⑮의 젖혀 이음 다음에 손을 뺀다.

백 1 로 ⑮의 곳을 두기도 한다.

2도(선수) 흑 1, 3 은 선수 행사.

1도와 비교하면 5집 이득이다.

134

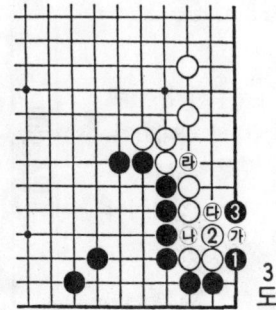
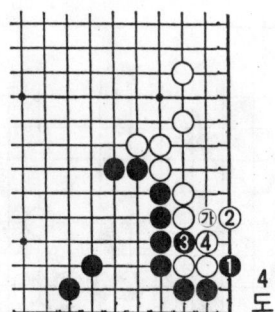

3도(단순한 젖힘) 흑1의 단순한 젖힘이다.

백2에는 3이 급소이다. 백㉮의 차단에는 흑㉯, 백㉰, 흑㉳이하 결국 패가 나는 모양이다.

4도(백이 지키는 모양) 그래서 백은 2의 곳을 달려 지킨다. 2도와 비교하여 흑은 1집 이득이다.

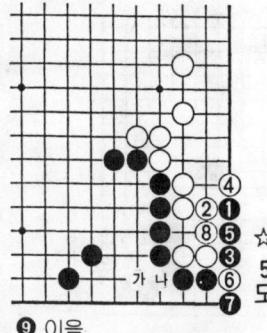
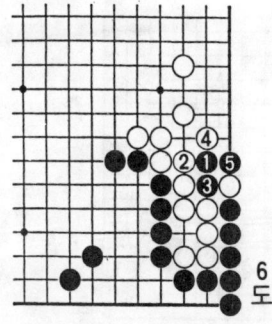

❾ 이음

5도(치중의 맥) 흑1이 급소이다.

백2에서 8까지 된다. ㉮, ㉯의 패 재료를 확보한 세심한 수순이다.

6도(약점) 전도 다음에 백이 손을 빼면 1의 치중으로 이하 5까지 6집 끝내기다. 1도와는 큰 차이다.

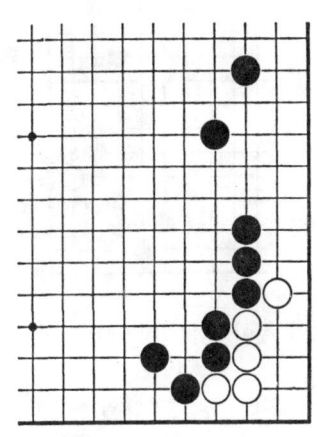

좌변의 흑집
에 대해서 백은
어떻게 두어야
하나? 흑의 응
수를 고려해야
한다.

백선

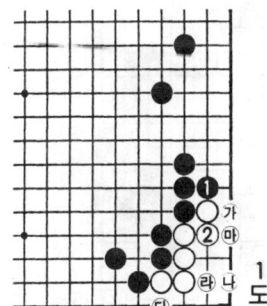

1도

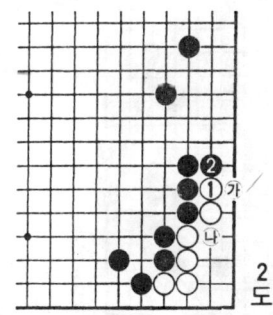

2도

1도(흑이라면) 흑1의 내려섬에 백2의 이음. 이 다음 흑
㉮에서 백㉯, 흑㉰의 젖힘에 ㉱의 받음이 정형이다.

2도(밀다) 백1로 미는 것은 흑2로 막아서 그만이다.
전도와는 2집의 차이다.

흑㉮에는 백㉯로 그만이나 백이 만족스럽지 못하다.

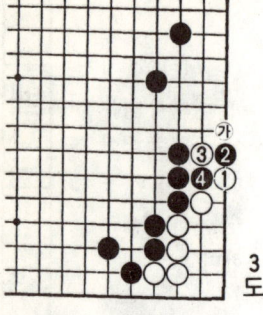

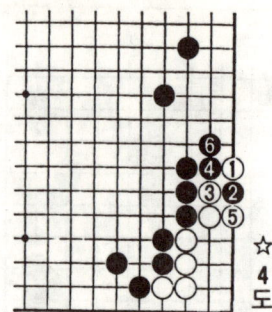

3도

4도

3도(병법) 백1의 마늘모가 살아있는 병법이다. 백3은 흑4가 날카롭다.

백1로 ㉮의 비마는 흑4, 백1, 흑2로 같은 결과이다.

4도(날일자) 백1의 날일자가 맥이다.

1도와는 6집반의 차이가 난다.

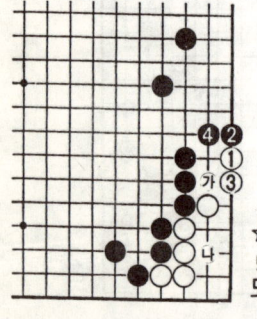

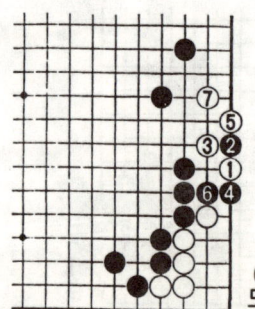

5도

6도

5도(득) 이런 모양에서 흑은 2, 4로 받는다.

즉, 백3, 흑4로 일단락이다.

흑㉮, 백㉯는 흑의 권리.

6도(좌변의 삶) 백3의 젖힘, 귀를 사석으로 하여 5, 7로 사는 모양이다. 국면에 따라 선택의 여지가 있다.

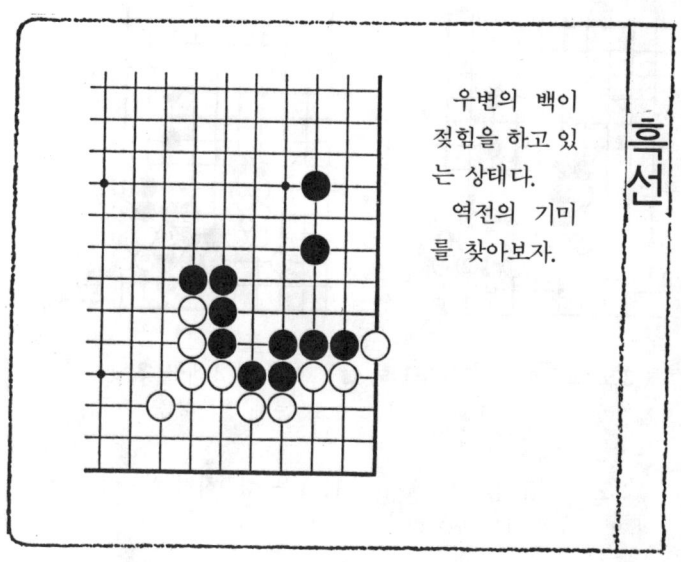

우변의 백이
젖힘을 하고 있
는 상태다.
역전의 기미
를 찾아보자.

흑선

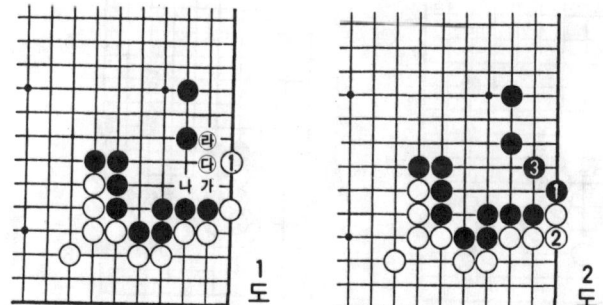

1도

2도

1도(백이라면) 백 1의 한칸 뜀이다.

백 1로 ㉮의 젖힘은 흑㉯, 백㉰, 흑㉭까지 된다.

2도(평범) 흑 1의 내려섬은 평범하다.

흑 3으로 지켜 약점을 신중히 한다.

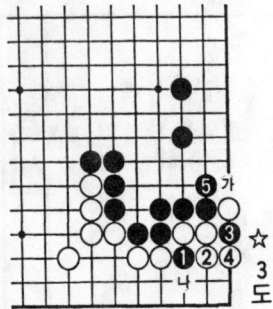 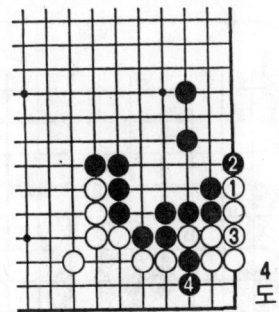

3도(교묘한 수순) 흑1로 끊은 다음 백2에는 3의 먹여
치기가 좋다. 백4로 때리면 5로 는다. 이 다음 흑㉮, 백
㉯로 1집강의 차이.

4도(뒤떨구기) 전도에서 백1, 3은 성립하지 않는다. 흑4
의 뻗음이 있기 때문이다.

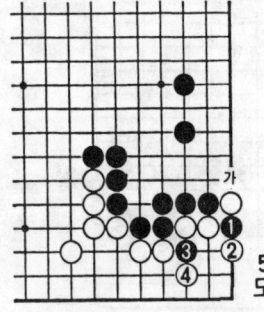 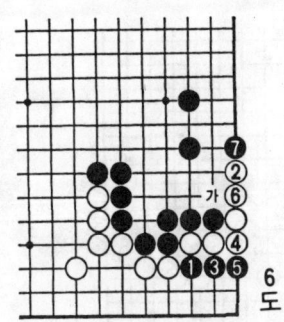

5도(수순 착오) 흑1부터 두는 것은 4까지 된다.
㉮의 막는 수가 남는다.

6도(저항불능) 흑1에 백이 2로 휘어 나가는 것은 백의
저항이 불능하다. ㉮의 단수로 뒤떨구기를 당한다.

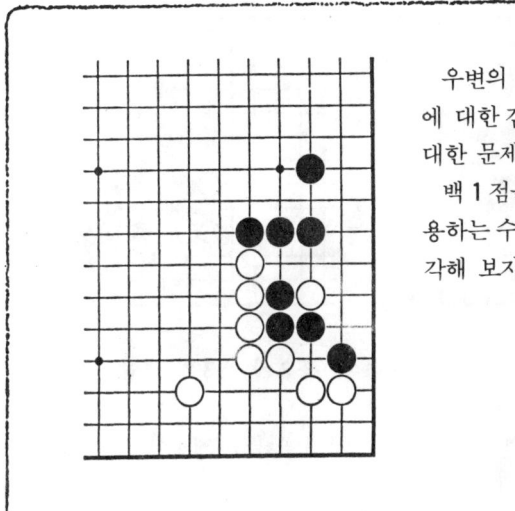

우변의 혹집에 대한 감소에 대한 문제이다. 백 1 점을 이용하는 수를 생각해 보자.

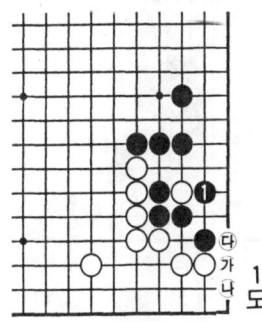

1図

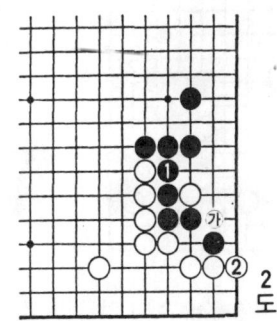

2図

1 도 (흑이라면) 흑 1 의 지킴이다. 다음에 흑⑦, 백⑭, 흑⑮의 젖혀이음은 시기를 보아 선수로 둔다.

2 도 (다음수가 크다) 흑 1 의 이음은 다음 백 2 로 내려설 공산이 크다. 백 2 가 역끝내기 4 집이다.

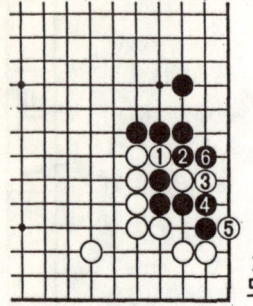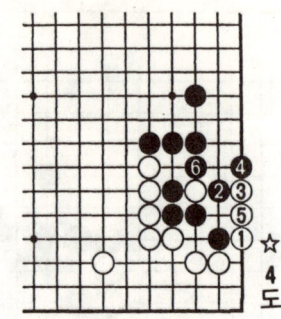

3도(속된 수) 백 1 의 내려섬. 흑 2 에 백 3 의 내림. 다음 백 5 의 젖힘이 선수이다.

4도(선수 끝내기) 서로의 자충을 이용한 제 1 선의 젖힘. 흑 2 에는 **3** 의 젖힘이 있다.

1도와의 비교는 백의 6 집 계산.

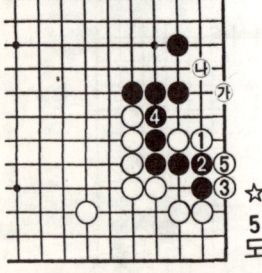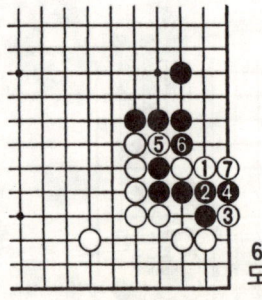

5도(내려섬) 백 1 의 내려섬. 흑 2 에는 **3** 의 젖힘이 좋다. 이하 백 5 까지 건너간다.

백 ㉮ 에는 흑 ㉯ 로 늦추어 받는다. **1도**와의 차이는 13집 에 달한다.

6도(젖히는 방향) 흑 4 의 막음에는 백 5 의 내려섬. 흑 6 에는 백 7 로 조인다. 젖히는 방향이 좋다.

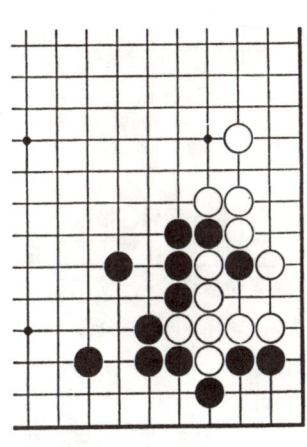

흑1점이 잡
혀있는 모양이
다.
흑의 다음의
한 수가 의외이
다.

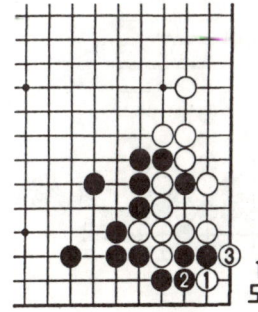

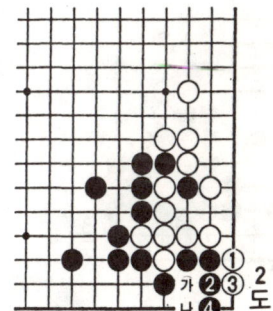

1도(백이라면) **1, 3**의 건넘이 있다. 이 수가 크다.

2도(선수) 백 **1**의 단순한 젖힘은 흑 **2, 4**로 받게 하여 선
수이다.

흑 **2**를 손빼면 백㉮, 흑 **2**, 백 **4**, 흑㉯, 백 **3**의 패는 부
담이 간다. 손해이다.

142

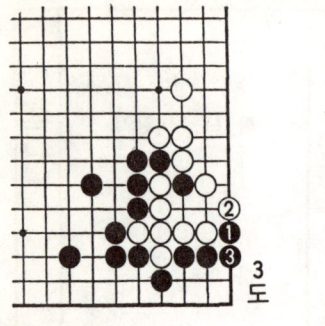 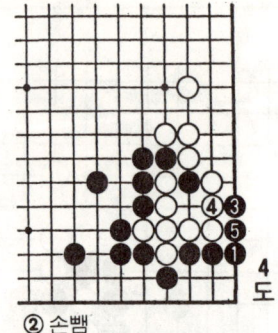

②손뺌

3도(최선이 아니다) 흑1, 3의 젖혀 이을 때 1도와의 차
이는 8집이다.

그러나 이 수는 너무나 평범하다.

4도(내림) 흑1로 내려서는 수는, 다음 3의 곳을 건너뛰
는 수를 본다. 흑5까지 4집 끝내기이다.

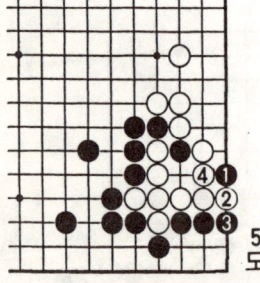 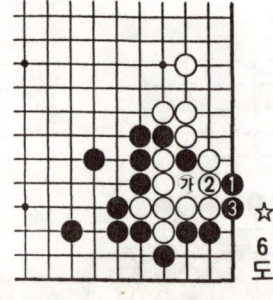

5도(선수 끝내기) 전도의 치중을 내려서기 전에 결행을 한
다. 백2의 차단에 3으로 내린다.

흑3의 내려섬이 선수이다. 1도와 비교하여 7집 선수 끝
내기이다.

6도(후수) 그래서 백은 2로 응수한다.

다음 흑3에는 손을 뺀다. 1도와의 차이는 10집이다.

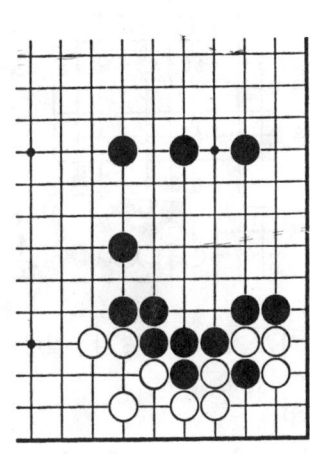

귀쪽에서 잘
나타나는 끝내
기의 모양이다.
유명한 맥점
이 있다.

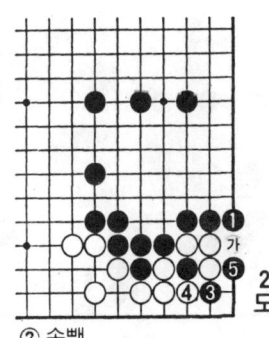

② 손뺌

1도(백이라면) 백1, 3의 선수 젖힘이다.

흑2, 4의 받음은 ㉮, ㉯의 곳에 백돌이 없음을 유의한다.

2도(후수) 흑1의 내려섬이 있다.

백2를 손빼면 흑3, 5의 끝내기 수단이 남는다.

백1로 ㉮는 백5이다.

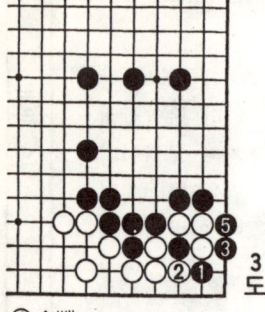

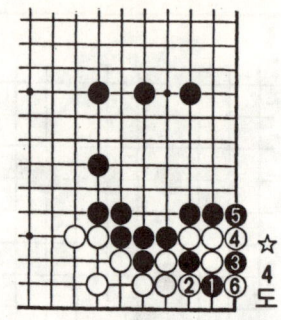

④손뺌

3도(한수 차이) 흑1로 젖히는 것은 이하 3의 젖힘까지 외길. 백이 손을 빼면 5로 건너간다.

전도와는 1수의 차이가 생긴다.

4도(쟁처) 백이 4로 내려서면 흑5를 선수로 조인다.

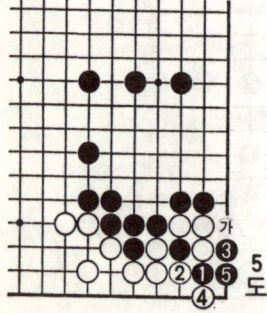

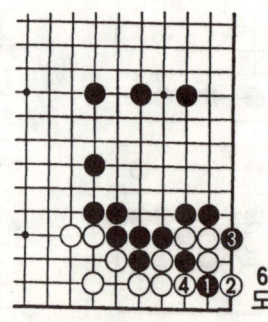

5도(환원) 백4의 단수에 5로 두는 것은 초기의 목적에 반한다.

6도(2집 손해) 백2의 아래 젖힘은 3의 단수로 4도에 비해 2집 손해이다.

백은 4도의 2집이나 3도의 후수 10집을 선택한다.

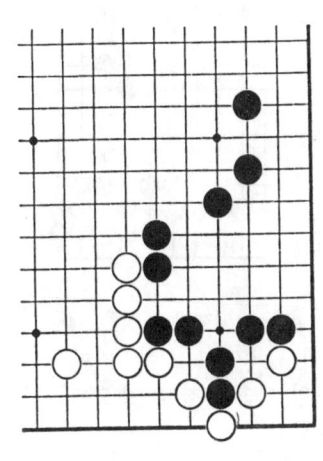

전도와 비슷
한 맥이다.
선, 후수를
계산하여 보자.

흑선

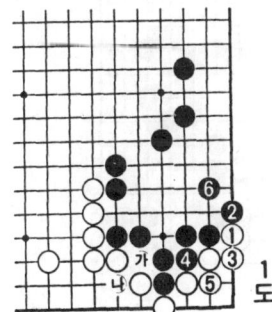

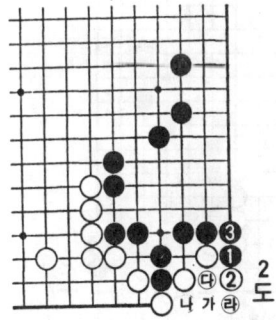

1도(백이라면) 백1, 3의 젖혀이음이 선수이다.

흑⑦에 손을 빼면 흑⑭의 단수로 뒤떨구기를 당한다.

흑4로 6은 백4가 역끝내기 3집이다.

2도(평범) 흑1, 3의 젖혀이음. ⑦의 맥은 1집 강이다.

백⑭, 흑㈐, 백㈑, 흑㈐, 백⑦이다.

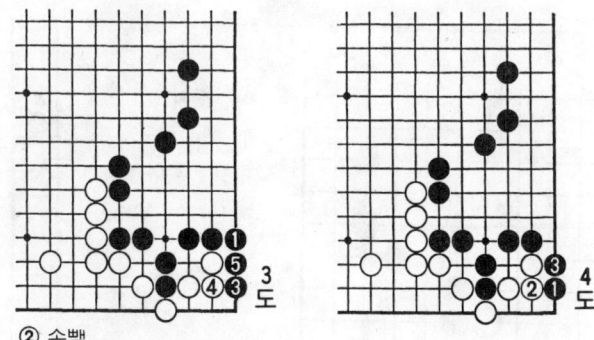

② 손뺌

3도(내려섬) 흑1의 내려섬은 어떨까? 이것은 다음 3의 곳 한칸 뜀을 노린다. 5까지 귀에서 1집 삭감이다.

4도(역끝내기 7집) 흑1의 단순한 착점. 백2에는 전도로 돌아가나 1수의 차이가 난다.

이 모양에서는 1도와 비교하여 역끝내기 7집이다.

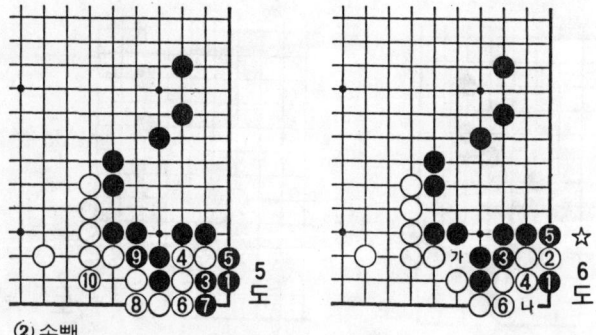

② 손뺌

5도(2집) 흑1의 치중에 손을 빼면 전도보다 2집 상승의 끝내기.

6도(쟁처) 백2의 내림은 흑3, 5의 조임이 있다.

1도와는 1집 차이이다.

6을 손빼면 ㉯의 곳에 두어 패가 난다.

제 4 장

집안에 수 있다

맛이 나쁜 집을 한눈에 찾아내기란 쉬운 일이 아니다.

끝내기 도중에 필요없는 곳에 손을 쓰는 것은 1집 손해이다.

서로가 손을 뺄 때나 이맥의 수도 1집 손해이다.

집안에서 수를 낼 때에는 정확한 끝내기의 수읽기가 필요하다.

맥의 숙련을 위해 깊이 연구하여 보자.

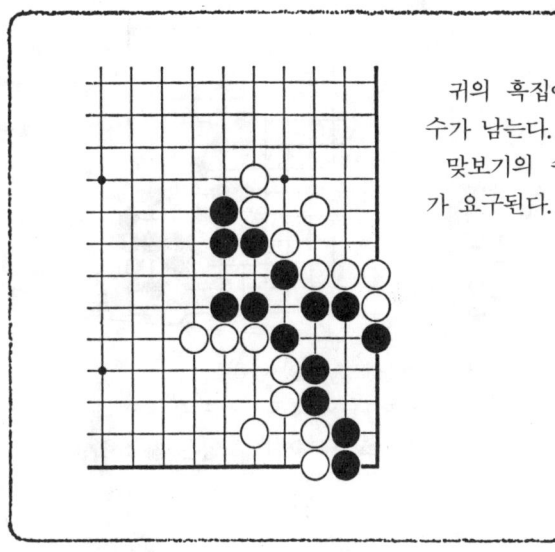

귀의 흑집에
수가 남는다.
맞보기의 수
가 요구된다.

백
선

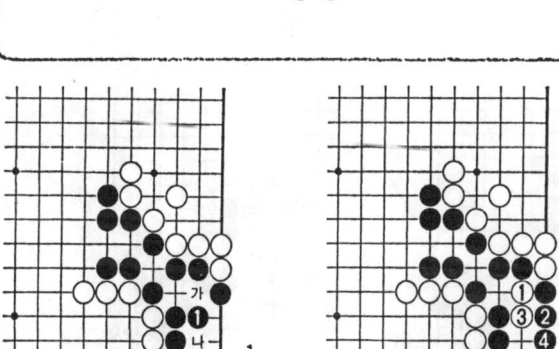

1도(흑이라면) 흑1의 지킴이다.

이것이 최선의 수로 1을 ㉮의 곳에 두면 ㉯의 곳을 팻감으로 이용한다.

2도(노골적) 백1의 끊음은 흑2, 4까지 된다.

백은 더이상 움직일 수 없다. 1집 손해이다.

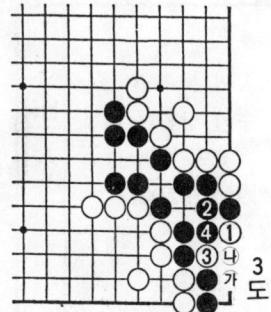

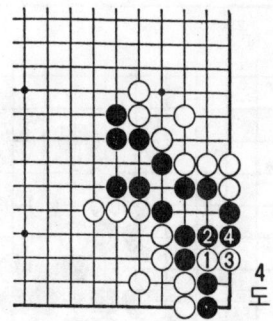

3 도 (끊음) 백 1 의 역단수에 흑 2 의 이음.

백 3 의 끊음엔 4 의 단수이다. 흑 4 로 ㉮ 도 수가 없다.

4 도 (단순) 백 1, 3 으로 끊고 내려서는 모양은 지극히 단순한 모양이다.

흑 2, 4 로 그만이다.

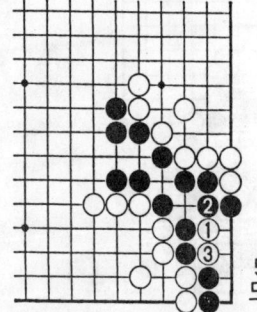

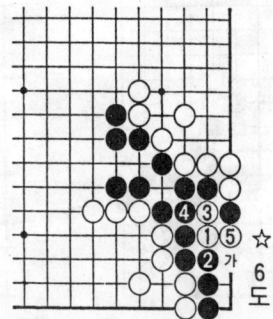

5 도 (붙임 일발) 백 1 로 복판에 붙이는 것이 맥이다.

흑 2 에는 3 으로 귀의 2 점이 떨어진다.

6 도 (쟁처) 흑 2 의 이음엔 3 의 단수 다음에 5 로 1 점을 때린다. 1 도와 비교하여 흑집이 5 집 감소다.

후수 6 집 끝내기.

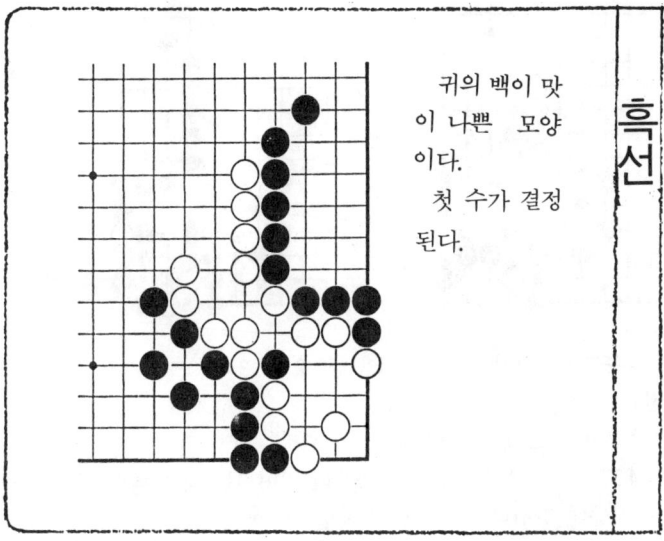

귀의 백이 맛
이 나쁜 모양
이다.
첫 수가 결정
된다.

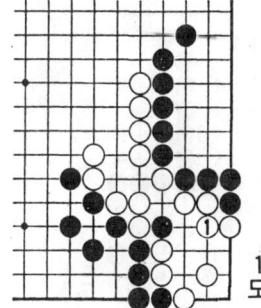

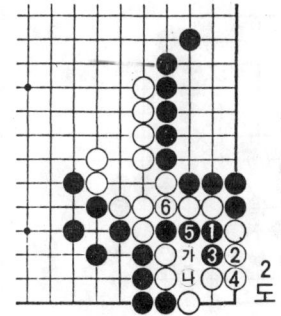

1도(백이라면) 백1의 지킴이 견실하다.

팻감을 최초로 억제한다.

2도(자충) 흑1로 끊고 나감은 백6까지 자충에 걸린 모
양이다.

흑5로 ㉮는 ㉯로 이어서 그만이다.

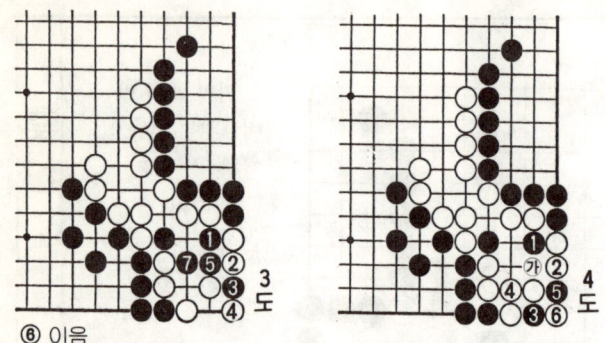

⑥ 이음

3도(끊음부터) 흑1의 끊음. 백2엔 3의 곳이 2의 1의 절묘한 맥점이다.

흑7까지 크게 이익이다.

4도(반대) 흑3으로 반대쪽부터 먹여치는 것은 흑이 반대로 자충에 걸린다. 백4로 6이면 흑㉮이다.

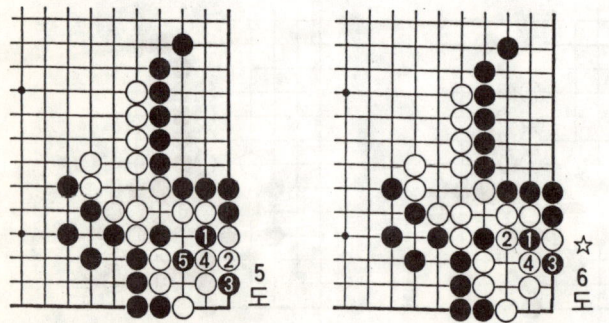

5도(효용) 흑3에 백이 4로 잇는 것은 5로 단수를 한다. 3도와 큰 차이로 뒤떨구기를 당한다.

이것은 흑3의 맥의 효용이다.

6도(쟁처) 이상의 변화를 검토하여 본 즉 본도의 백4까지 5집 득이다.

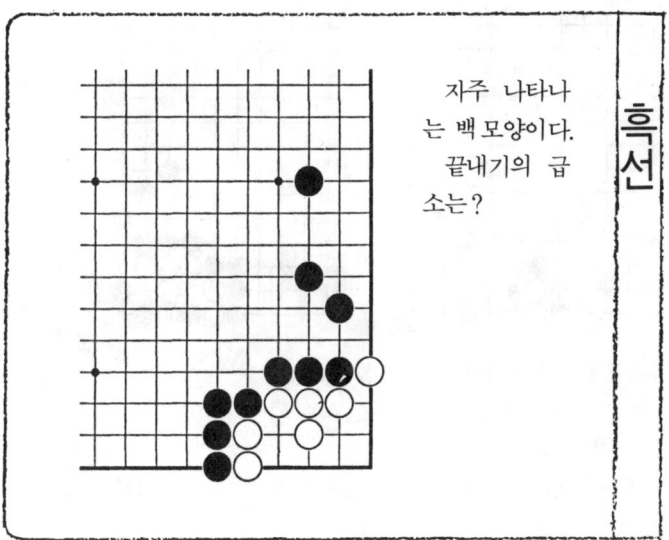

자주 나타나
는 백모양이다.
끝내기의 급
소는?

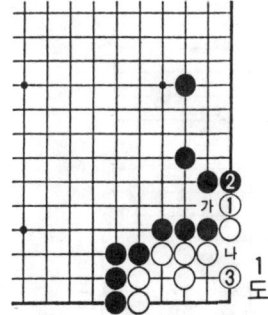

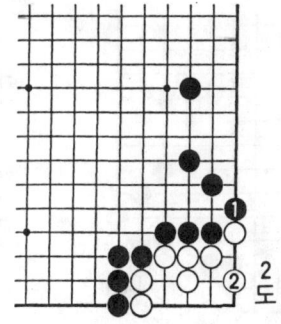

1도 (백이 선수) 백 1 의 뻗음에 흑 2 이면 3 으로 되돌아
가는 수가 교묘하다.

이 다음 ㉮의 단수는 ㉯로 받는다.

2도 (급소) 흑 1 의 내려섬에는 백 2 가 지키는 급소이다.

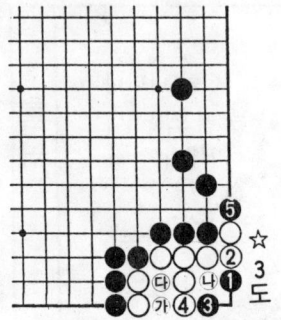

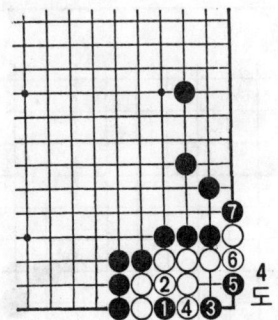

3도(급소) 백1부터 선행을 한다.

백2에는 흑3, 5로 빅이다. 4로 ㉯는 흑㉮, 백㉰ 교환 후 패를 다툰다.

4도(1집) 흑1의 단수는 다음3, 5, 7까지 백집이 1집 이다.

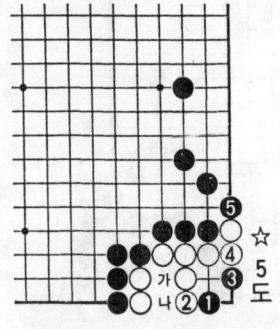

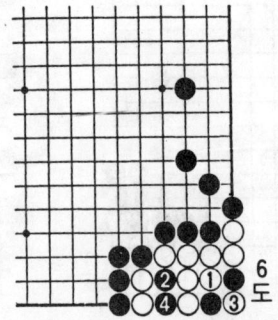

5도(변화) 흑1, 3은 후수 8집의 끝내기다.

백4로 5의 곳 뻗음은 흑㉮, 백4, 흑㉯가 선수.

6도(불필요) 전도는 빅. 백1의 단수에서 흑2, 4까지 1집 손해이다.

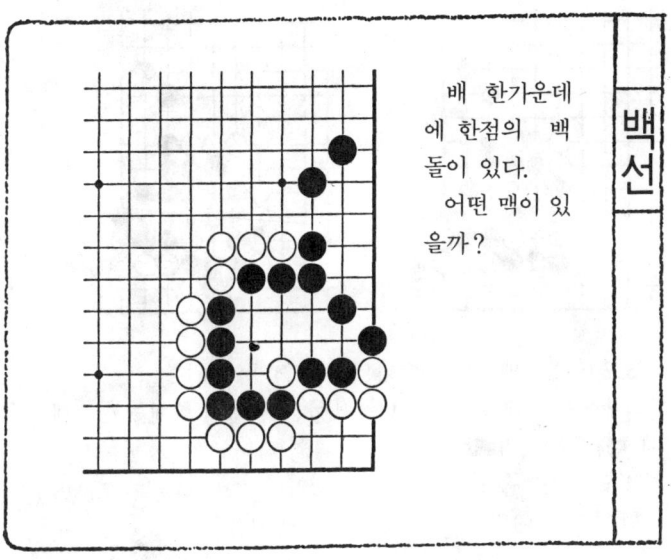

배 한가운데에 한점의 백돌이 있다.
어떤 맥이 있을까?

백선

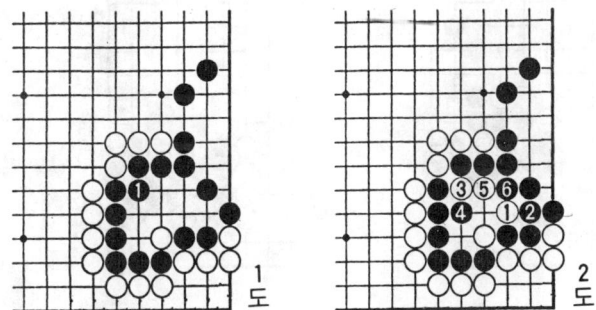

1도(흑이라면) 흑1의 이음이 확실하다.
좋은 수비다.

2도(떨어진 구멍) 백1의 단수. 흑2에는 백3, 5까지. 흑6으로 가만히 몰아서 아무런 수도 나지 않는다.

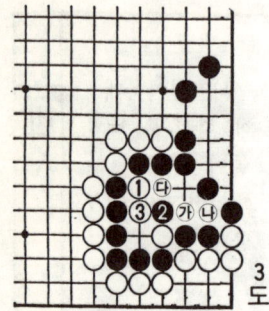

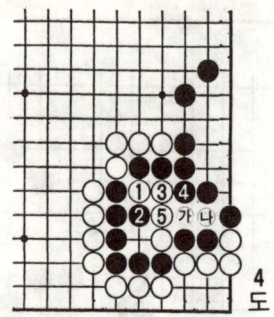

3도 (끊음) 백1의 단순한 끊음이 정착이다.

흑2에는 3으로 그만이다. 백㉮, 흑㉯의 존재는 무관계.
이 다음 흑㉰의 단수.

4도 (변화) 흑2, 4도 같은 모양이다.

백㉮, 흑㉯의 교환이 필요없는 형이다.

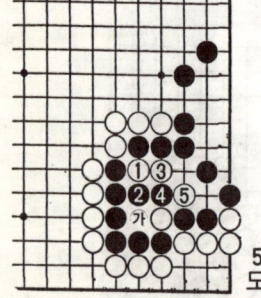

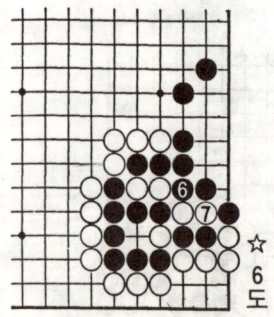

5도 (양단수) 여기에서 흑이 4로 밀고 나가는 것은 백5
의 양단수가 있다.

흑이 ㉮로 둘 수 있겠는가?

6도 (결과) 전도에 계속하여 흑6, 백7이 최선의 수습이
다. 1도와는 9집강의 차이.

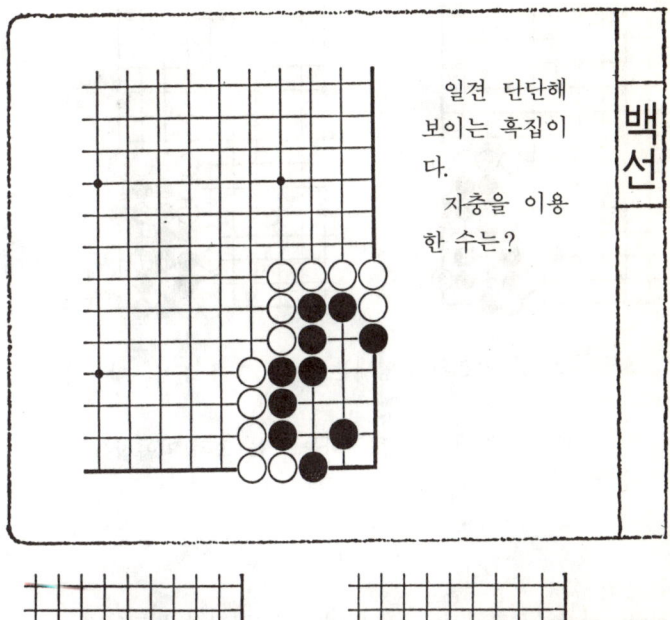

일견 단단해 보이는 흑집이다.

자충을 이용한 수는?

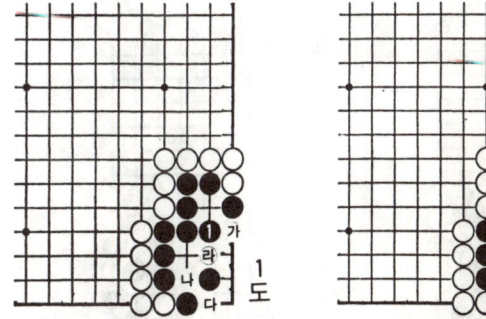

1도(흑이라면) 흑 1의 보강이 9집의 수이다.

팻감을 각오한다. 흑 1로 ㉮의 뻗음은 백㉯에는 흑㉰이고 ㉲의 팻감이 증가한다.

2도(모붙임) 백 1의 단수 다음에 3의 곳의 모붙임. 흑 4로 ㉮는 4의 곳.

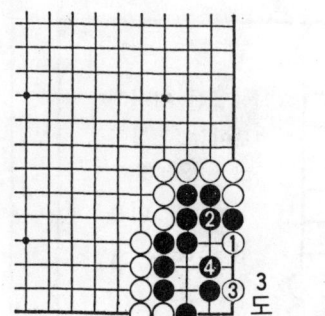

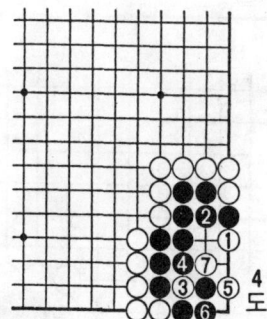

3 도(맞보기) 백 3 의 붙임에는 흑 4, 3 과 4 가 맞보기이
다.

4 도(빅) 맞보기 관계를 타파하는 수는 3 의 먹여침이다.
이다음 7 까지.

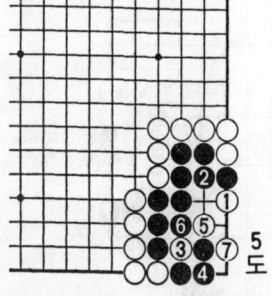

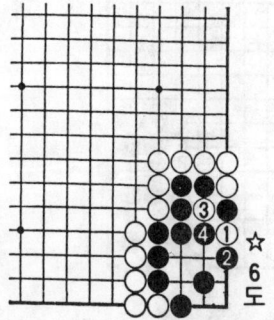

5 도(같다) 백 3 의 먹여침에 흑 4 의 이음은 백 5, 7 로 빅
이 난다.

6 도(최선) 그래서 흑 1 에는 2, 4 의 응수가 필요하다. 흑
2 로 4 는 패모양.

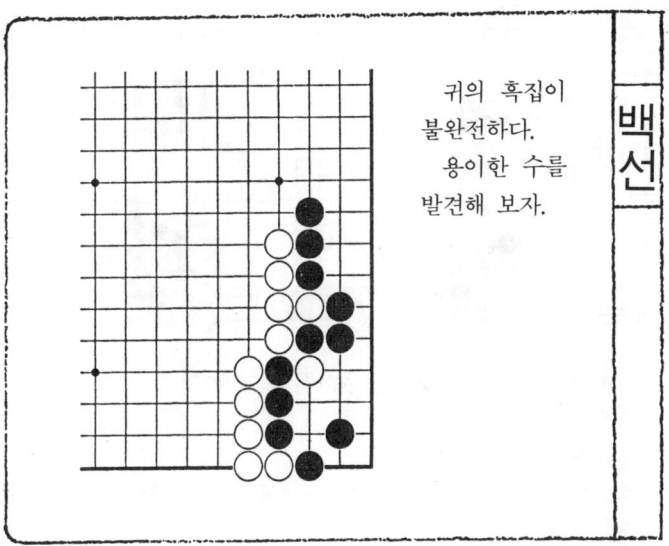

귀의 흑집이
불완전하다.
용이한 수를
발견해 보자.

백선

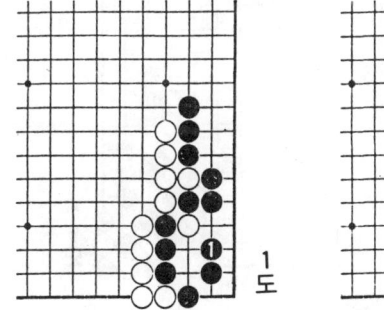

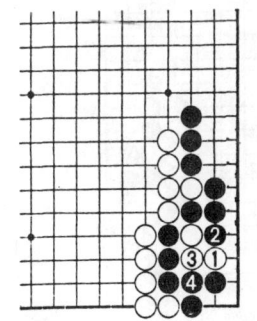

1도(흑이라면) 흑 1 의 지킴이다.

팻감은 2곳이다.

2도(단순) 처음의 급소는 백 1 일까? 그건 너무 단순하다.

흑 2 다음 4 로 단수하여 그만이다.

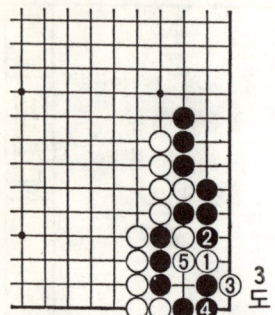

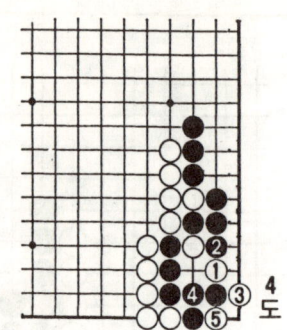

3도(젖힘) 흑2의 단수에 백3으로 한번 더 젖히는 것이 맥이다.

흑4에는 백5로 그만이다.

4도(패) 흑4에는 백5로 집어 넣어서 패가 난다.

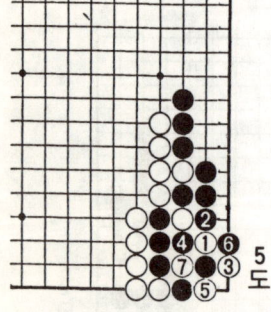

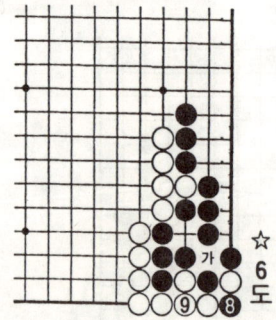

5도(최선) 피해를 최소한으로 줄이는 것으로 흑6의 타협이 있다.

6도(결과) 전도에 계속하여 흑8, 백9 다음 되때리면 ㉮의 곳이 크다.

1도와 비교하여 후수 6집 약이다.

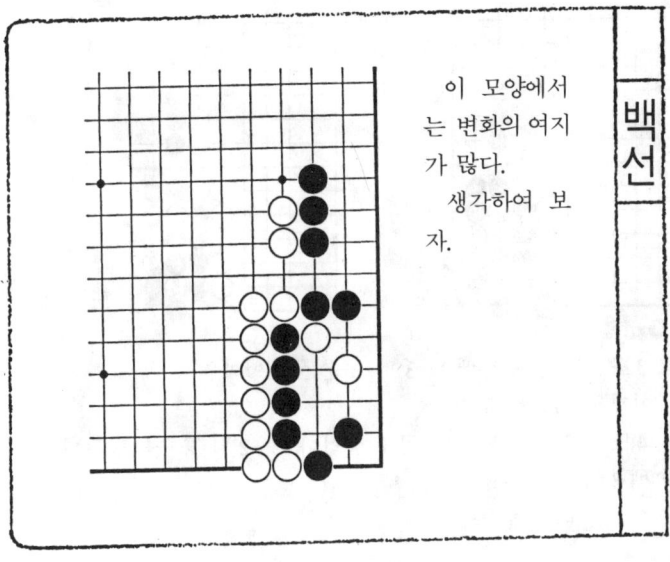

이 모양에서
는 변화의 여지
가 많다.
　생각하여 보
자.

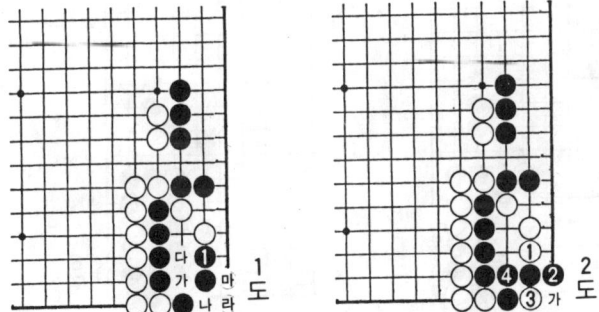

1도 (흑이라면) 흑 1 이 좋은 수다. 팻감은 2곳이다.
백 ㉮에 흑 ㉯의 이음. 백 ㉯에 흑 ㉰, 백 ㉭의 팻감. 다른
곳은 3곳 이상이다.

2도 (침착) 백 1 의 부딪힘. 여기서 흑 2 의 내림이 침착하
다. 유가무가 불상전의 모양이다.

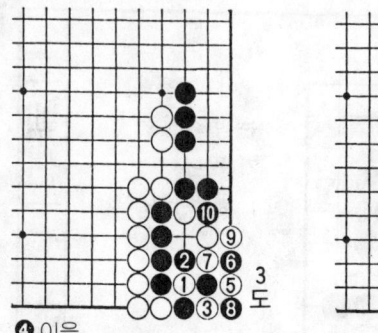

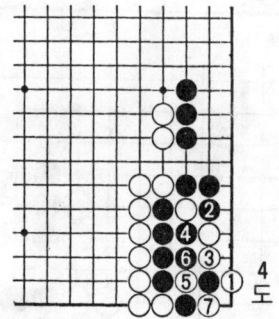

❹이음

3 도(집어 넣음) 백 1, 3 의 수순은 어떨까?

이것은 10 까지 된다.

4 도(붙임) 백은 1 의 곳에 붙인다. 흑 2 의 응수를 묻는다.

백 3 에서 7 까지 패.

흑 2 는 나쁘다.

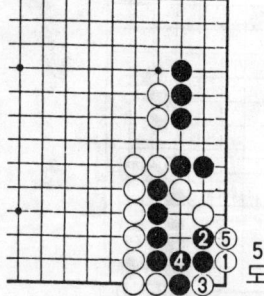

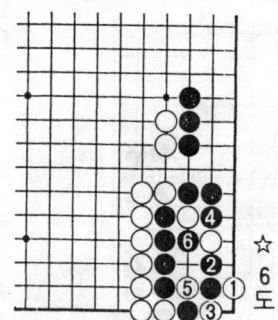

5 도(꽃놀이 패) 흑 2 의 뻗음이 무난한 응수이다.

다음 백 3 에는 흑 4 로 잇는다.

백 5 까지 꽃놀이 패.

6 도(최선) 흑 2 의 후퇴가 부득이. 백 5 까지 외길인데 1
도와는 선수 7 집반의 끝내기다.

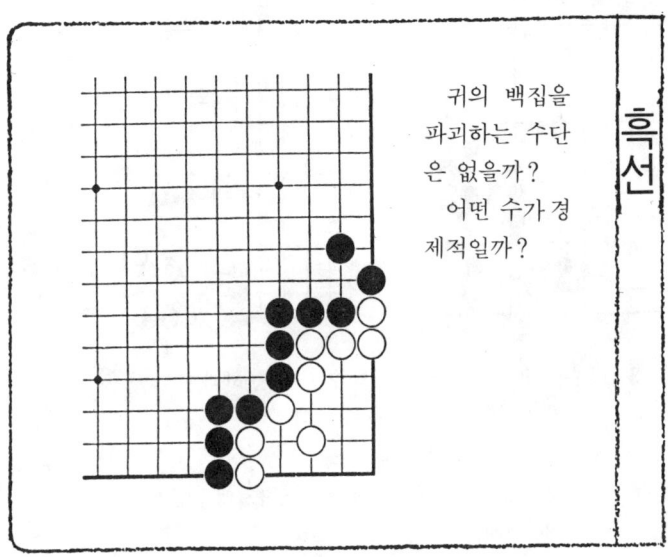

귀의 백집을
파괴하는 수단
은 없을까?
어떤 수가 경
제적일까?

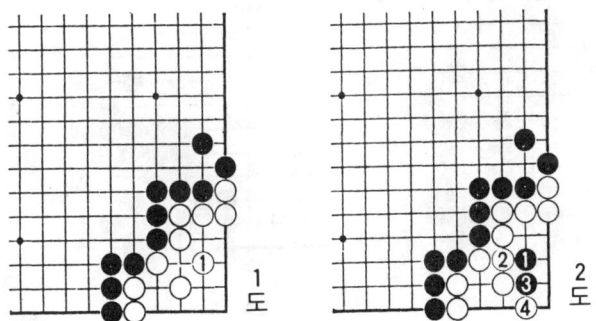

1 도(백이라면) 백 1 의 지킴으로 11집이다.

2 도(치중) 흑 1 의 치중에 백 2, 그 다음에 3 으로 내려서
면 백 4 로 막아 흑이 1 집 손해.

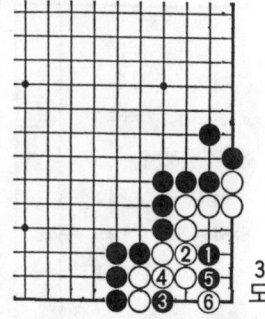
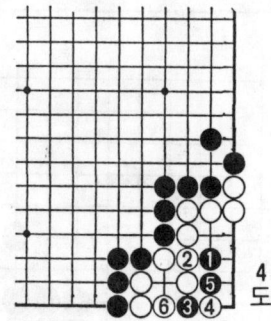

3도(무용의 단수) 흑1에 백2는 당연하다.

다음 3의 단수가 쓸데없는 수이다.

여기엔 백6의 젖힘이 있다.

4도(적당하지 못한 맥) 흑3의 붙임은 맥점인가?

유가무가의 형태.

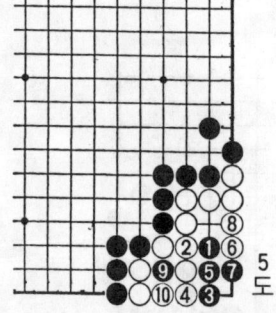
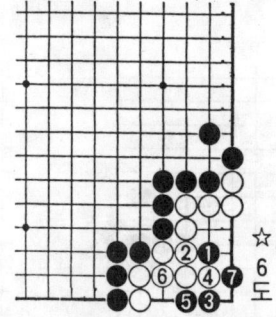

5도(선수 빅) 흑3의 2의1의 절묘의 맥점이다.

백4에는 흑5의 붙임.

백의 안형에 대비한다. 흑9, 백10을 교환한다.

6도(흑의 후수 빅) 백이 4로 나가면 이하7까지 후수 빅
이다. 전도와는 1수의 차이다. 흑1 이하는 후수 10집반.

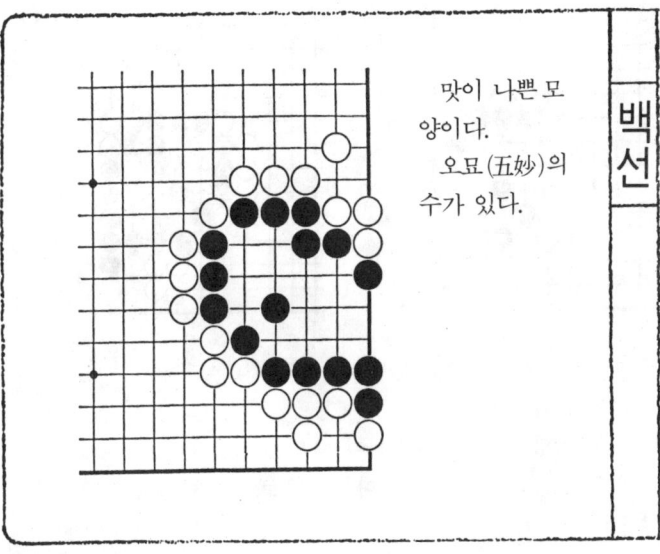

맛이 나쁜 모
양이다.
오묘(五妙)의
수가 있다.

백선

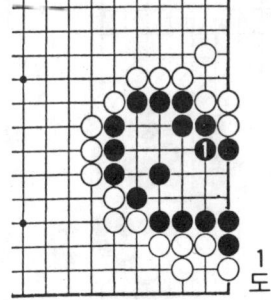

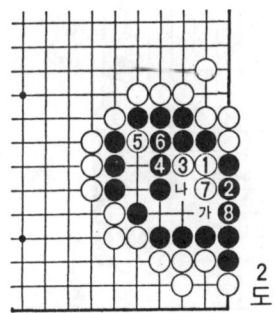

1도(흑이라면) 맛이 나쁜 원흉은 1의 단점이다.
13집이 확정이다.

2도(끊음) 백1이하의 끊음.

이것은 8까지 1집 손해이다. 흑㉮엔 7로, 백3에 ㉯는
흑3이나 7도 수 없다.

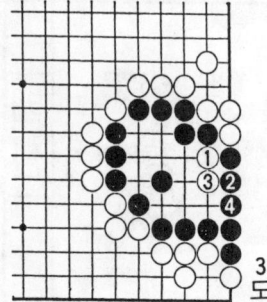

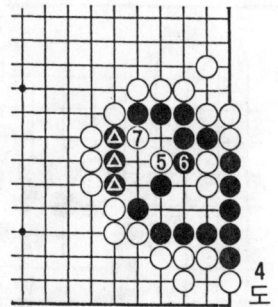

3도(단수) 백3으로 평범하게 단수한다.

다음의 한수가 맥이다.

4도(멸망) 전도에 계속하여 백5는 결정타.

흑6에는 7의 끊음이 있다. 흑⚫표에 대한 3점의 맥이 5다.

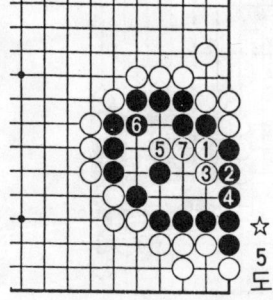

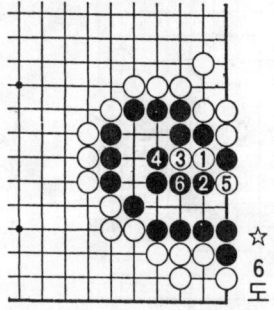

5도(빅) 백5의 붙임에 흑6의 이음이 있다.

백7로 올라서 빅이다.

6도(최선) 백1의 끊음에는 이하 6까지가 최선이다.

1도와 비교하여 백이 선수 7집이다.

전도의 빅은 백이 후수. 선택의 여지가 있다.

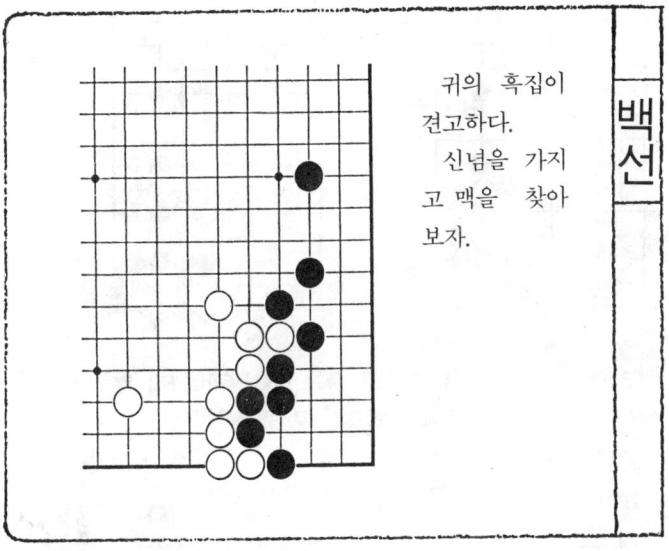

귀의 흑집이
견고하다.
　신념을 가지
고 맥을 찾아
보자.

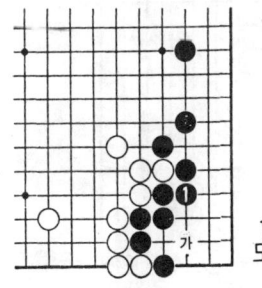

1
도

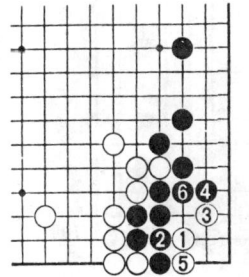

2
도

　1도(흑이라면) 흑1의 이음이다. 이것이 귀에 관하여 가장
팻감을 작게 하는 방법이다.

　흑⑦의 보강도 확실한 수.

　2도(불가) 백1은 제1감이다.

　백3의 마늘모로 안형의 여지는 없다.

　백3으로 **4**나, **6**의 끊음도 호전되지 않는다.

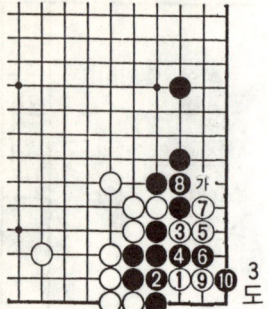

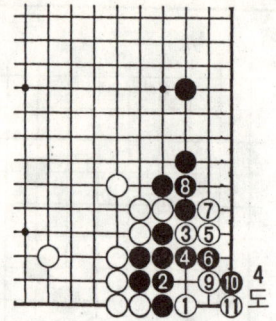

3도(끊음) 백이 1, 3으로 끊는 것은 흑10까지 별무 신통이다. 백9로 10의 치중은 흑㉮로 유가무가.

4도(단수) 이런 모양에서는 백1의 단수가 좋은 수이다. 백9가 마늘모의 맥으로 11까지 패가 난다.

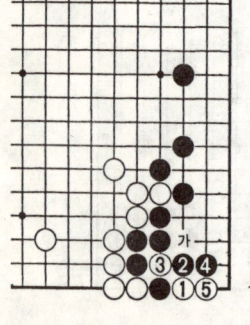

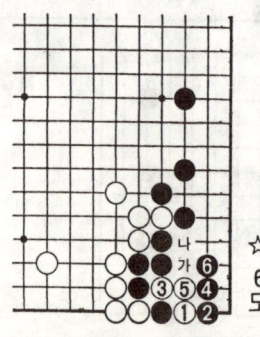

5도(주의) 백1의 단수에 흑2로 패의 발음은 1안이다. 다음 백3의 패 때림에 흑4. ㉮의 곳을 끊는 강수가 성립한다.

6도(안전한 받음) 흑2로 조여 나감이 안전하다. 백선수 7집 끝내기다.

백3으로 5, 흑4, 백㉮는 흑㉯로 후수.

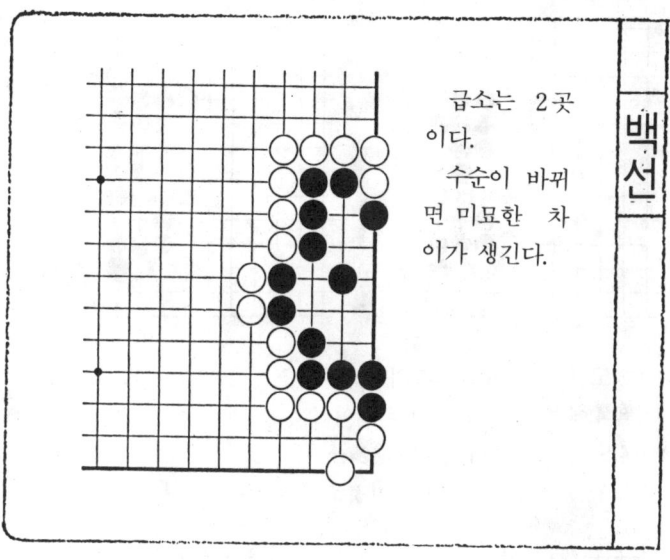

급소는 2곳이다.

수순이 바뀌면 미묘한 차이가 생긴다.

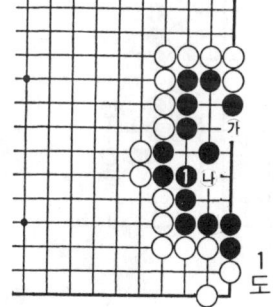

1도

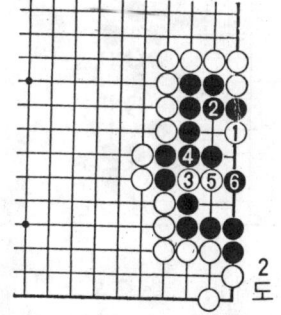

2도

1도(흑이라면) 흑1이나 ㉮, ㉯의 곳을 지킨다.

2도(노골적) 백1의 단수는 너무나 노골적이다.

백3의 끊음은 지나치다.

흑6까지 1집 손해이다.

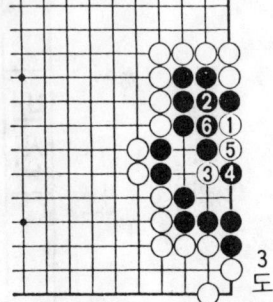

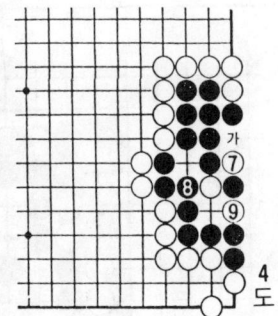

3도(다음 단수) 백3의 붙임이 급소.

흑4에는 다음 6까지 외길이다.

4도(빅) 백7의 집어넣음.

흑8, 백9로 빅이다. 이것은 흑의 큰 손해이다.

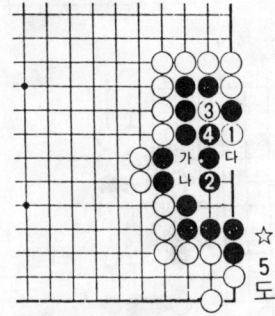

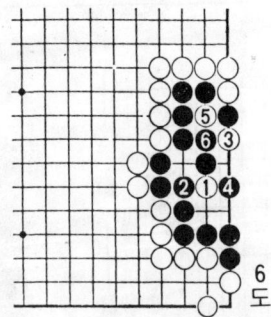

5도(최선) 흑은 2로 지킨다.

3의 때림엔 4로 응수한다. 4를 손빼면 백㉮, 흑㉯, 백 4로 된다.

1도와 비교하여 백선수 약 3집의 끝내기.

6도(수순) 백1로 직접 붙이는 것은 ㉮의 곳이 절대 선수가 안된다.

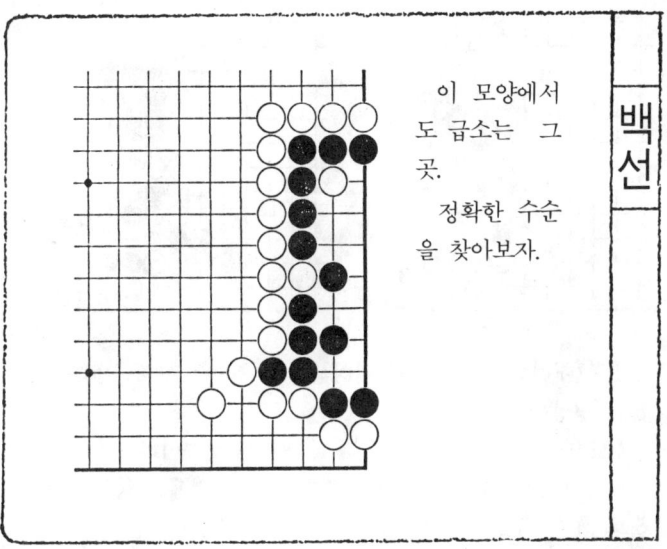

이 모양에서
도 급소는 그
곳.

정확한 수순
을 찾아보자.

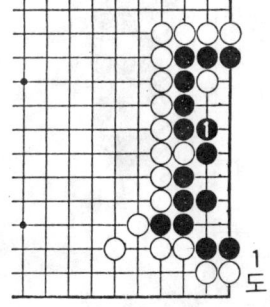

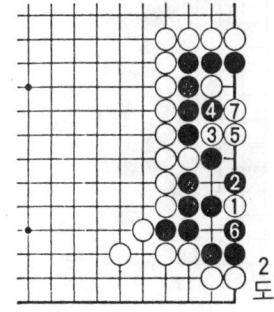

1도(흑이라면) 흑 1 의 이음이다.

이 수는 대략 12집의 확정지를 만들었다.

2도(끝내기) 백 1 의 코붙임이 유력한 맥이다.

이하 7 까지 대성공이다.

172

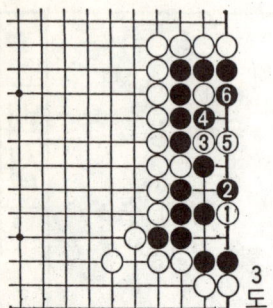 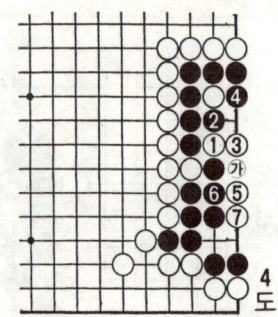

3도(내려섬) 백3, 5의 내려섬에는 흑6으로 때려낸다. 흑
6이 냉정한 수이다.

4도(대사건) 백1, 3으로 끊고 내림이 선수이다.

4의 때림엔 5의 치중에서 7까지로 흑 전체가 죽는다. 백
5로 ㉮는 흑5의 패가 남는다.

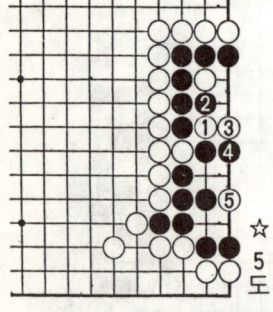 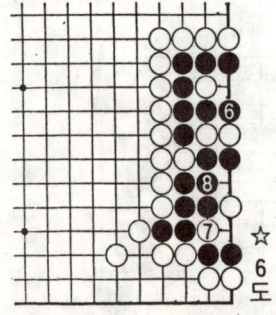

5도(자충) 백1, 3에 흑이 4의 곳을 받으면 어떨까.
그것은 5의 치중의 맥이 있다.

6도(최선) 그래서 흑은 6으로 2점을 잡는다.

백7로 집어넣어 8까지이다.

선수 8집으로 나중 11집의 끝내기가 남는다.

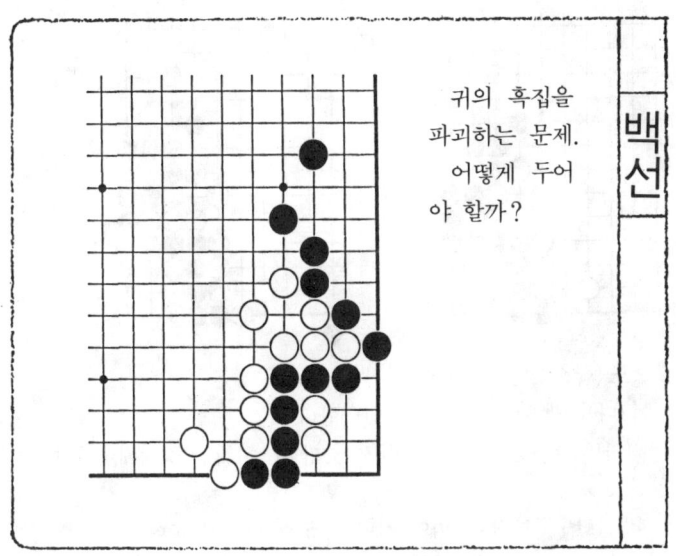

귀의 흑집을
파괴하는 문제.
어떻게 두어
야 할까?

백선

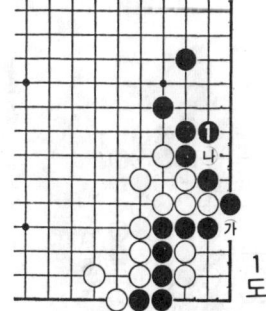

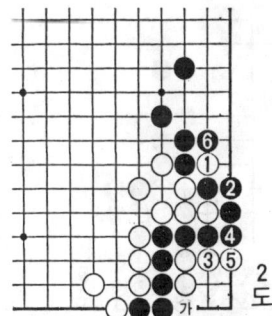

1도 (흑이라면) 좌변이 미완성이어서 1의 곳의 지킴이다.
흑㉮의 이음은 ㉯의 결점이 남는다.
2도 (소박) 백1의 단수는 무용의 일착이다.
나중에 백㉮로 단수를 하여도 살지 못한다.

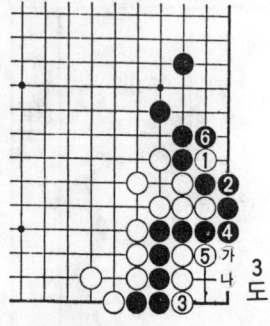

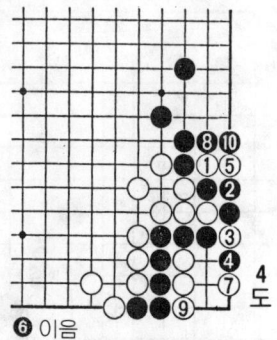

6 이음

3 도(급소판명) 백 3 의 방향은 흑 4 가 좋은 응수.

이 다음 백 5 에는 6 으로 단수한다.

㉮ 나 ㉯ 의 곳을 두어도 살지 못한다. 허지만 정해에 가까

워졌다.

4 도(단수) 백 3 의 먹여침 다음 5 의 단수가 좋다.

이하 7, 9 로 사는 모양이다.

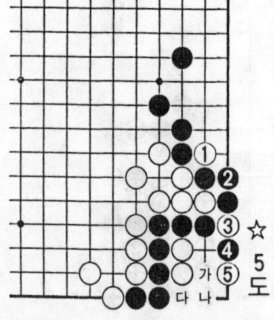

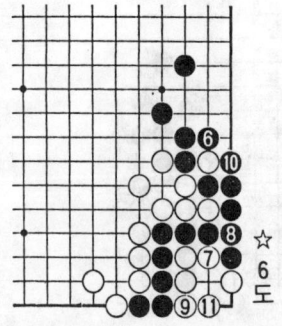

5 도(단순한 붙임) 백 3, 흑 4 다음에 백 5 로 단순한 붙임

이 있다. 다음 ㉮, ㉯, ㉰ 의 내려섬이 남는데 — ·

6 도(최선) 전도에 계속하여 흑은 6 으로 단수하여 무사하

다. 백은 11 까지 사는 모양. 1 도와는 15집의 차이가 난다.

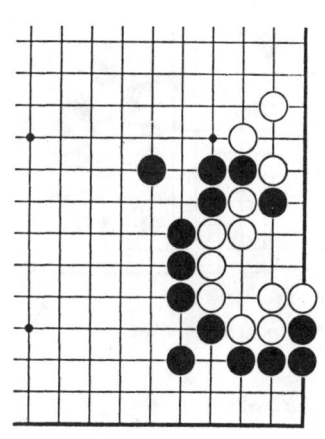

비약하는 감각의 테스트 문제.

흑은 어떻게 두어야 할까?

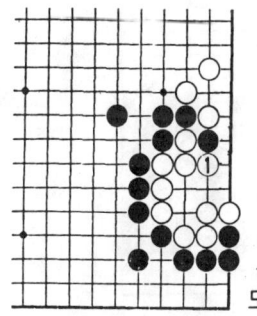

1
도

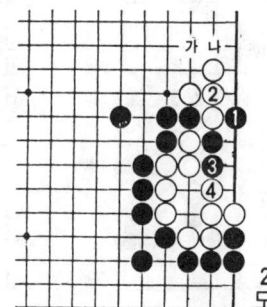

2
도

1도(백이라면) 백 1 의 단수이다.

이것은 상식이다.

2도(유가무가) 흑 1 로 단수하고 3 으로 느는 것은 백 4 로 그만이다. 흑 1 은 권리로 ㉮, ㉯에 흑돌이 있을 때 교환은 손해이다.

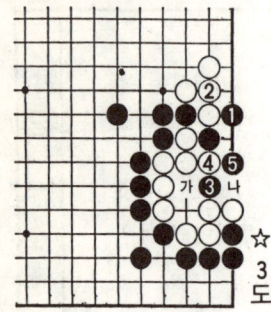

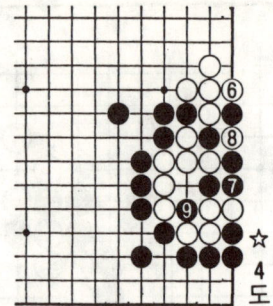

3도(패) 백3의 붙임에서 5까지 패가 난다.

백㉮, ㉯는 자충이다.

4도(최선) 백이 패를 이길 수 없으면 6으로 바깥을 조인다. 그러면 흑9까지 외길이다.

1도와는 16집의 차이가 난다.

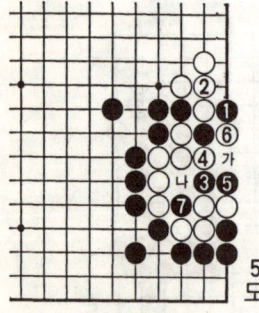

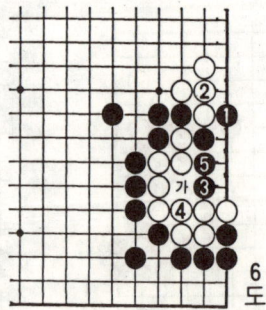

5도(2집 손해) 패를 피하고자 한다면 흑5, 7이다. 4도와는 2집 차이다.

전도가 최선이다.

6도(논외) 흑3에 4의 이음은 5로 잇는다. 백4로 ㉮는 흑5의 단수로 문제외이다.

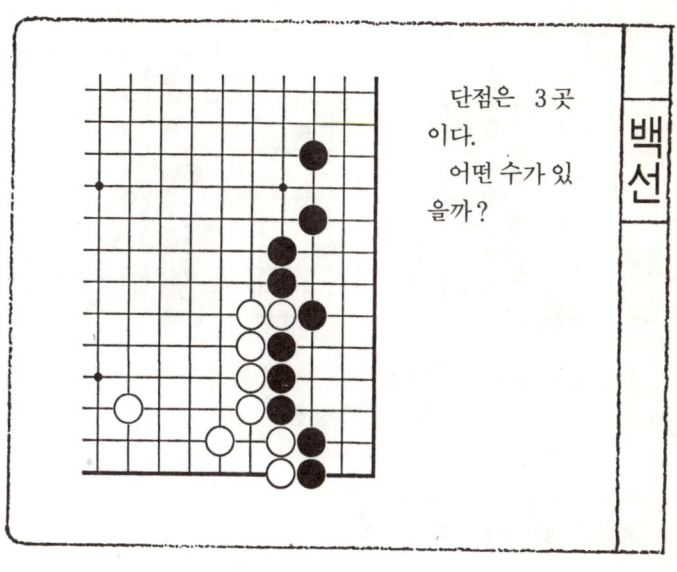

단점은 3곳
이다.
어떤 수가 있
을까?

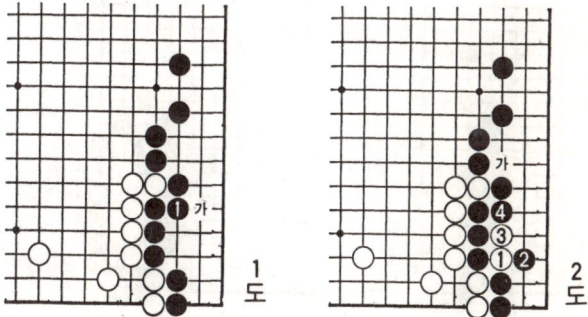

1도(흑이라면) 부분적으로는 흑1이 최선이다.
이곳이 팻감이 적다.
흑㉮는 실전적이다.
2도(끊음) 백1로 끊으면 흑2, 4로 문제외이다.
백1로 ㉮의 끊음은 흑4로 문제외이다.

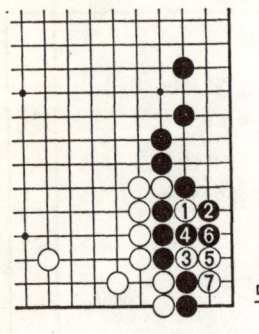

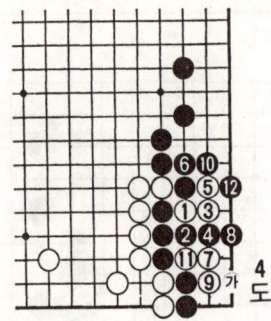

3도(9점 끝내기) 백1의 끊음. 흑2로 응수하면 이하 백 7까지 된다. 10점 만점이라면 9점의 수이다.

4도(한수 차이) 흑2, 4의 누름에서 12까지.

전도와는 한수 차이로 크게 나쁘다.

흑8로 9, 백8, 흑11, 백㉮로 패.

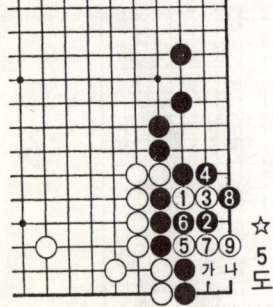

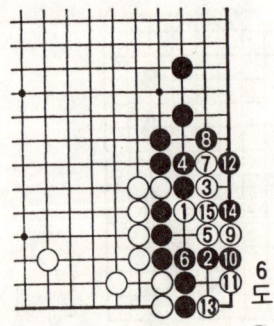

5도(최선) 흑2의 한칸 뜀이 있다.

백도 3에서 5, 7을 거쳐 9까지 귀의 2점을 잡는다.

다음에 ㉮, ㉯의 끝내기가 남는다. 1도와의 차이는 백 후수 16집 강이다.

6도(빅) 백1에 흑2는 이하 14까지 빅이다.

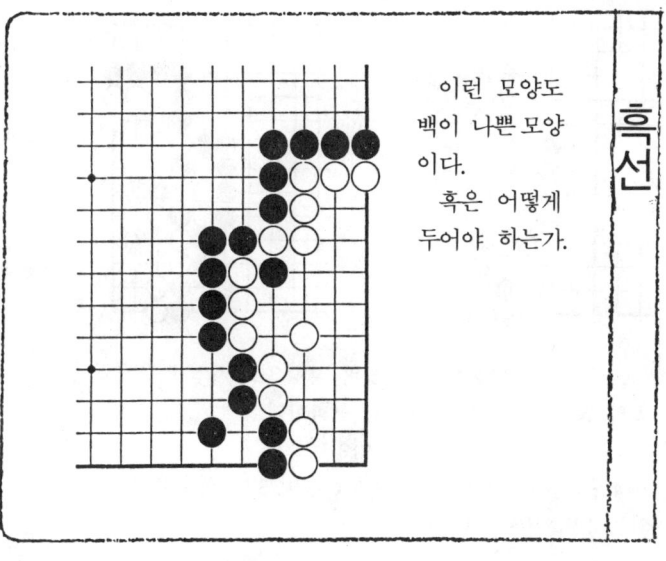

이런 모양도
백이 나쁜 모양
이다.
　흑은 어떻게
두어야 하는가.

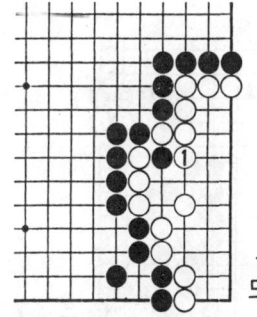

1도
　
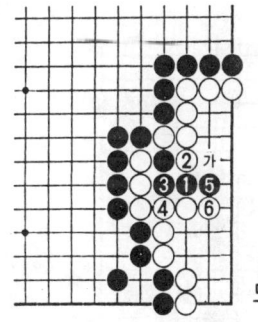

2도

　1도(백이라면) 백 1 의 단수이다.
이것으로 25집의 큰집이 생긴다.
　2도(조화) 흑 1 의 마늘모이다. 다음 3, 5 에는 백 6 까지
1집 손해이다.
　흑 1 로 2 의 내려섬은 ㉮의 젖힘이 있다.

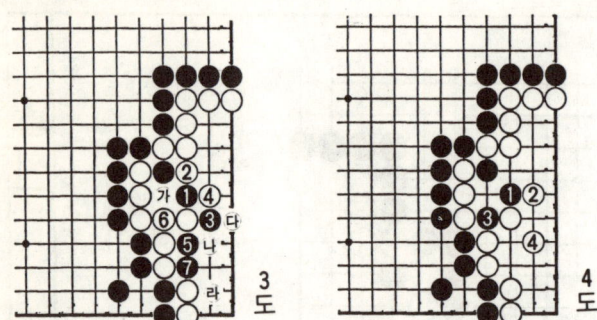

3도(젖힘) 백 2에는 흑 3의 젖힘으로 가볍게 응수한다. 백 4의 끊음엔 5, 7로 귀쪽을 변화한다.

1도와 비교하면 22집의 마이너스다.

4도(선수) 백 2로 아래를 젖히면 3이 선수가 된다. 1도 와는 13집 끝내기다.

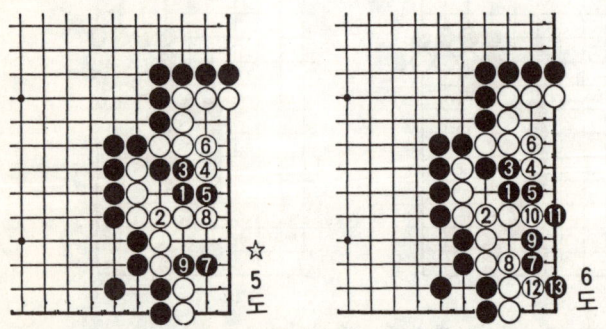

5도(최선) 그래서 백은 8까지 둔다.

백집은 3도와 비하여 2집이 증가하였다. 후수 20집 끝내 기다.

6도(빅) 백 8의 이음에 흑 9, 11은 다음 13까지 빅이다.

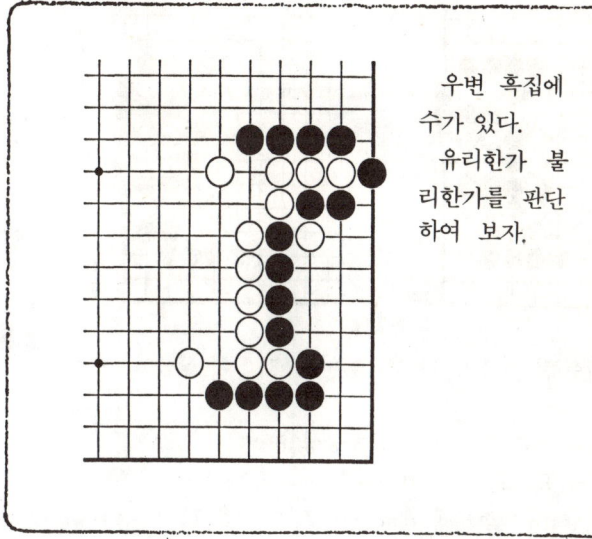

우변 흑집에
수가 있다.
유리한가 불
리한가를 판단
하여 보자.

백선

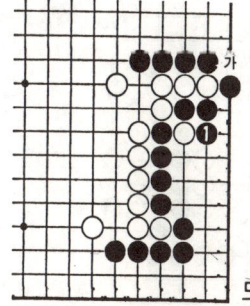

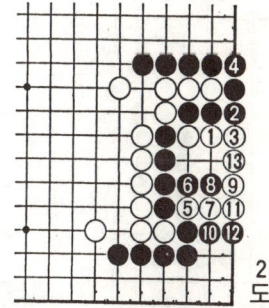

1도

2도

1도(흑이라면) 흑1의 지킴이 안전하다.

흑㉠의 이음은 생각해 볼 문제이다.

2도(빅) 백1, 3의 단수에 흑4, 다음 백5, 7로 11, 13까지 빅이다.

1도와 비교하여 16집 끝내기이다.

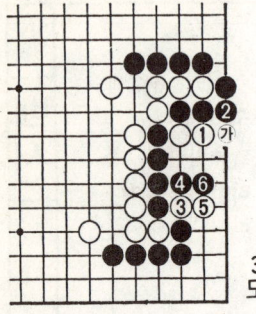
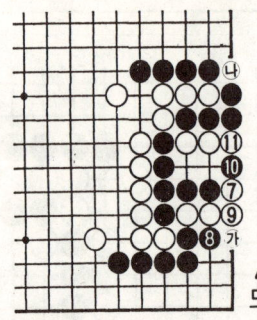

3도

4도

3도(한곳) 백 1 로 단수하고 바로 **3**, **5**의 끊음이 수순이다.

백 ㉮로 두는 것은 자충일 가능성이 높다.

흑은 **4**, **6**으로 두게 되는데—·

4도(양단수) 전도에 계속하여 **7**, **9** 다음 **11**이 맥이다.

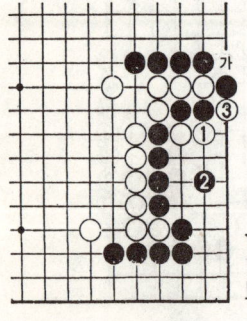
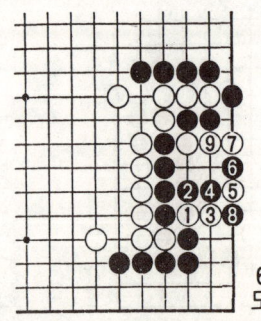

5도

6도

5도(사석) 저항을 하지 않고 흑**2**로 지킨다.

3까지 2점을 사석으로 이용한다. 다음 ㉮의 곳에 백돌이 온다.

결국 이 모양에서는 본도가 최선이다.

6도(단순) 백 **1**, **3**으로 끊고 **7**, **9**로 두는 것은 손해이다.

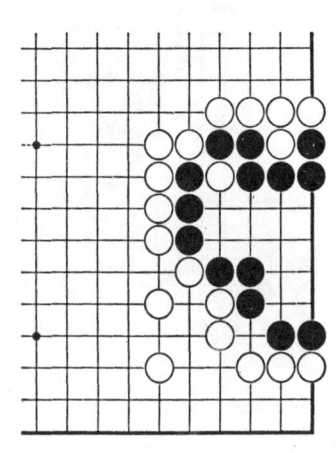

확정이 된 듯
한 모양이다.
이곳에 최후
의 수법은 없
을까?

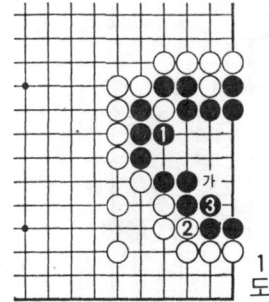

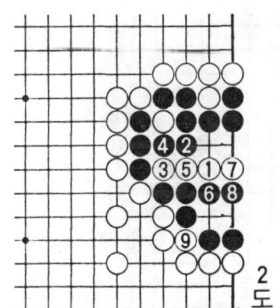

1도(흑이라면) 흑1로 따낸다. 흑1로 2의 수비는 좋지
않다.

백2에 ㉮도 있다.

2도(승부수) 백1의 끊음에서 7까지.

이 수순은 나쁜 결과다.

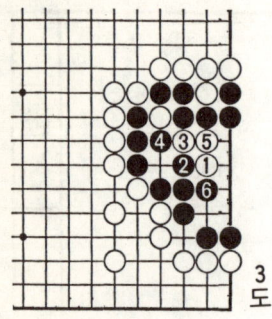

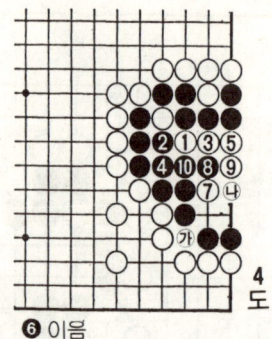

❻이음

3도(치중불가) 백1의 치중에는 흑2, 다음 3, 5에는 6
으로 그만이다.

4도(결점) 백1의 젖힘이 예리하다.

흑2에는 3, 5로 내려선다.

7로 ㉮는 흑㉯이다.

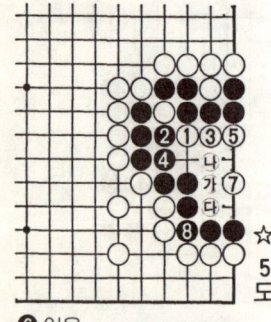

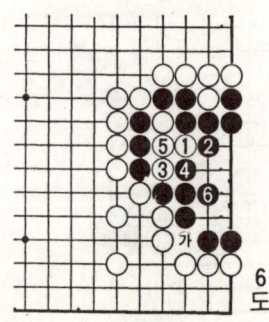

❻이음

5도(빅) 백은 5까지 둔 다음 7의 곳에 뛰는 것이 맥이다.
흑8까지 빅이다. 흑8로 ㉮, 백8, 흑㉯로 빅이다.

선수 12집 끝내기.

6도(같다) 흑2로 받는 것은 3점을 사석으로 이용한다.

㉮에 흑돌이 없음을 주의.

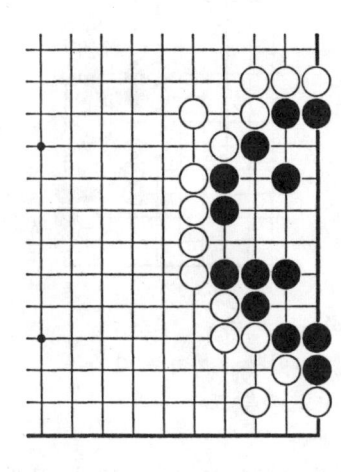

상변의 흑집
을 파괴하여 보
자.
최선의 수를
찾아야 한다.

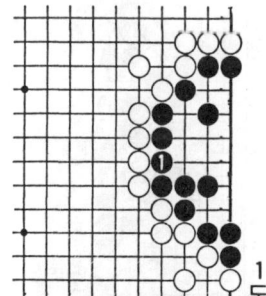

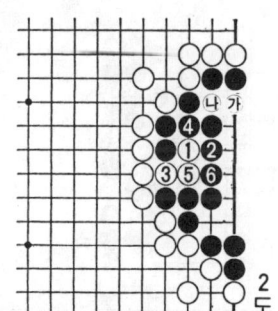

1도(흑이라면) 흑1의 이음이다. 13집이 확정되었다.

2도(작다) 백1로 붙이는 것이 맥점이다.

흑2로 받으면 이하 6까지 외길이다. 5집 끝내기.

흑2로 5, 백㋐, 흑㋑, 백3, 흑2, 백4로 후수 8집
끝내기가 된다.

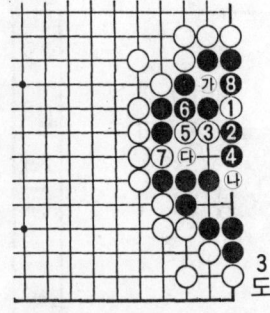

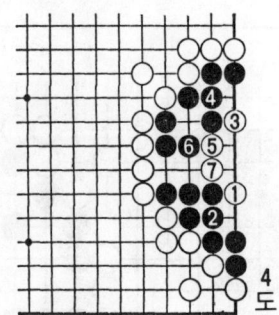

3도(방향) 백1의 치중이 급소이다.

흑2에는 3의 끊음이 있다. 이하 7까지 된다.

흑2로 ㉮의 이음은 백㉯로 다음 도와 같다.

4도(빅) 백1의 방향이 옳다.

흑2의 이음엔 이하 7까지 1도와 비교하여 13집 끝내기다.

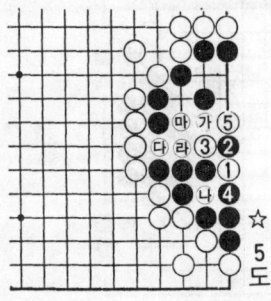

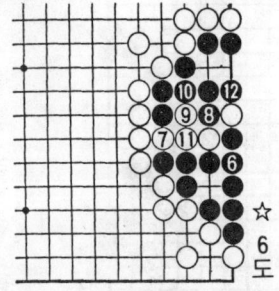

5도(대소의 비교) 흑2의 막음은 백5까지 된다.

흑2로 ㉮는 ㉯의 곳에 집어 넣어 3점을 잡는다.

흑4로 5는 백㉰, 흑㉭, 백㉱이하 선수 9집 끝내기.

6도(최선) 전도에 계속하여 흑6이하를 패를 피할 수 없다. 백선수 6집 끝내기다.

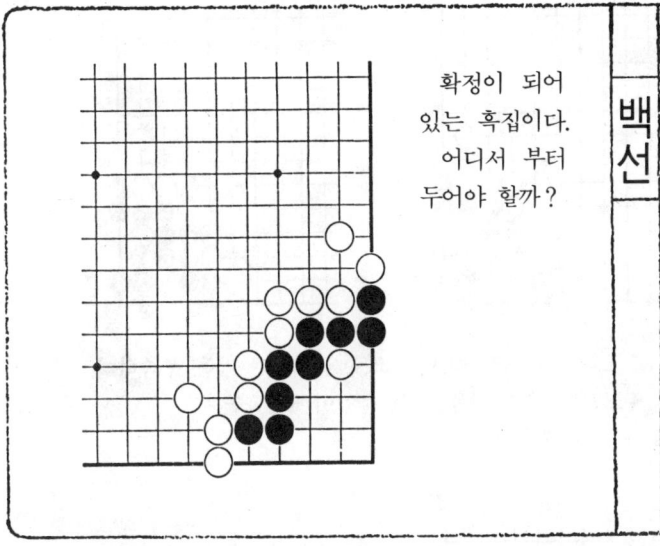

확정이 되어
있는 흑집이다.
어디서 부터
두어야 할까?

백선

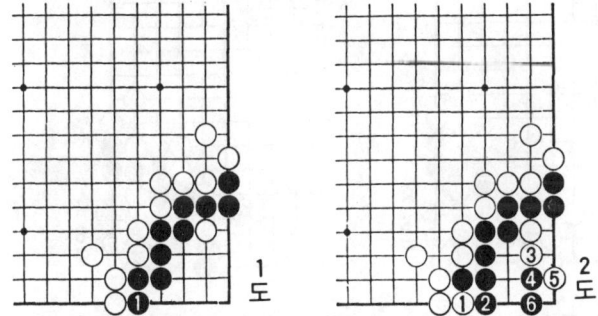

1도(흑이라면) 흑1의 내려섬이다.

이로써 약점은 소멸되었다.

2도(늦다) 백1로 밀고 들어와 3, 5 까지는 유가무가의 형태이다.

백3은 수가 나지 않는다.

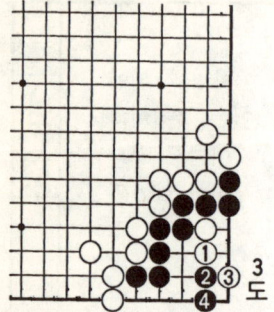 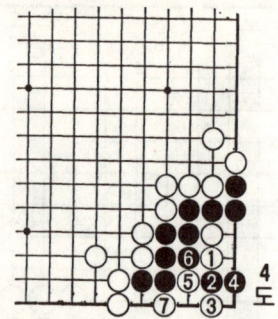

3도(부족) 직접 백1, 3으로 움직이는 것은 부족하다.

4도(패) 백1 다음 3의 붙임이 좋은 수다.

다음 5, 7로 패가 난다.

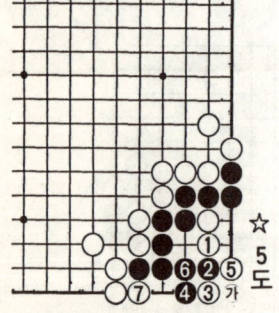 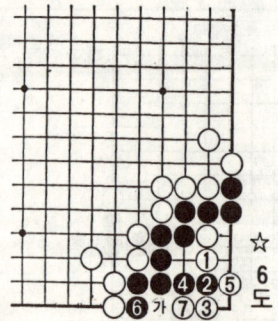

5도(끝내기의 패) 같은 패인데 4의 방향에 늘어서면 7의 곳을 민다.

만년패를 나타낼 수 있는 모양이다.

6도(최선) 패에 자신이 없다면 흑6으로 내려서는 것이 선수 빅이다.

1도와 12집반 차이다.

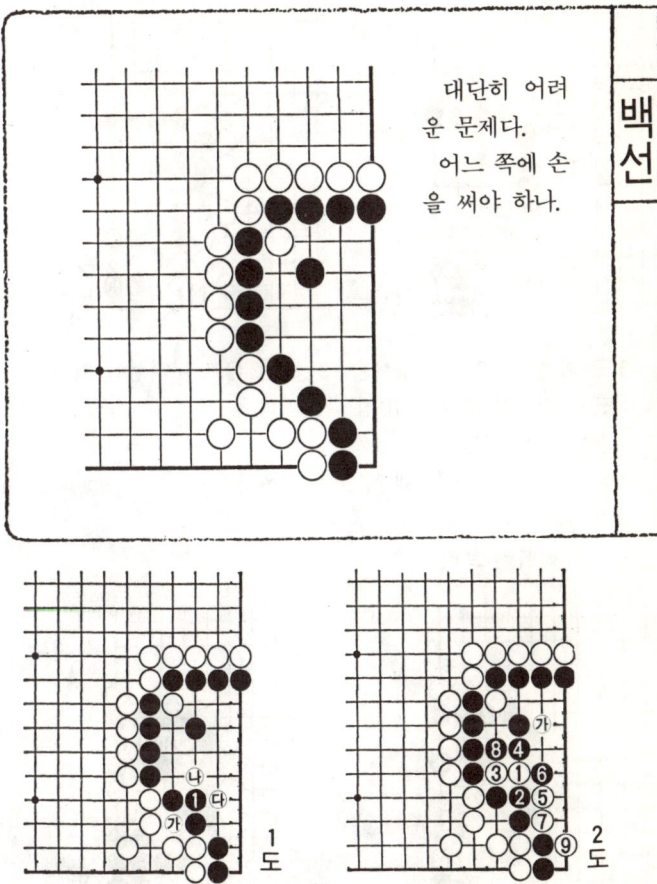

대단히 어려
운 문제다.
어느 쪽에 손
을 써야 하나.

1도(흑이라면) 흑1의 이음이다. 흑㉮는 문제외로 하고,
흑1로 ㉯나, ㉰는 나중에 한수가 필요하게 된다.

2도(치중) 백1의 치중이 유일한 급소이다.

흑2에는 9까지 외길이다.

백㉮도 파괴 수단인데 1도에 비해 후수 12집이 이익이다.

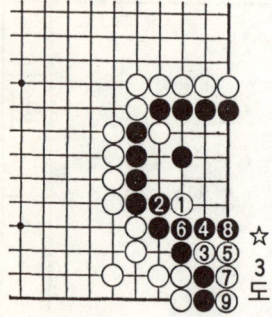

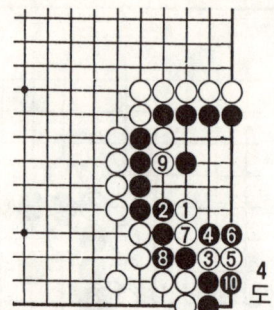

3도(최선) 흑2의 이음에 백3, 5의 끊고 내려섬이 있다.

1도와 비교하여 후수 10집 끝내기다.

이것이 최선이다.

4도(최강) 흑6에는 백7, 9로 나온다.

최강 수단이다.

손득을 헤아려 보라.

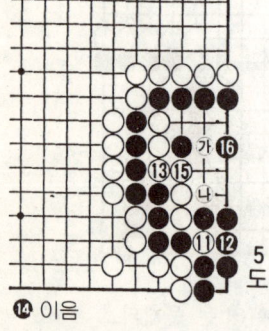

❶❹ 이음

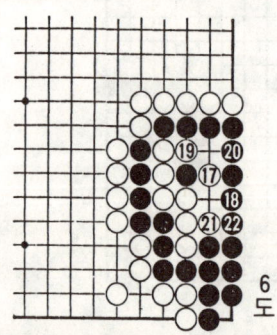

5도(건넘) 전도에 계속하여 16까지 일단락이 된 모양이다.

흑16으로 ㉮는 ㉯의 내림으로 안된다.

6도(빅) 전도에 계속하여 백17, 19다음 22까지 빅이다.

1도에 비해 백선수 20집이다.

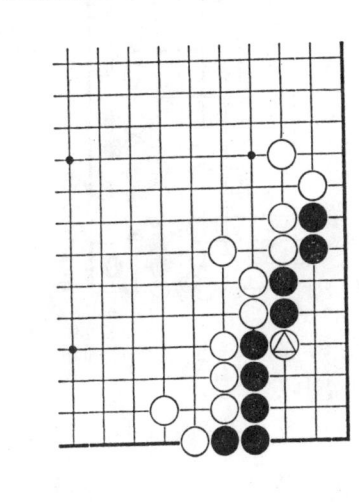

이런 모양에
선 어떨까?
백△표가 끊
고 있다.

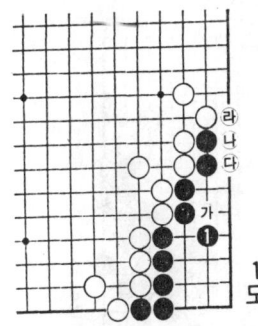

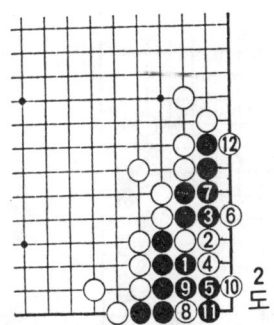

1도(견실한 지킴) 백이 끊기 전에 흑이 한수를 둔다면 흑 1
의 지킴이다.

흑 1 로 ㉮ 는 백 ㉯, 흑 ㉰, 백 ㉱의 젖히는 수가 남는다.

2도(전멸) 흑 1, 3 은 최강이나 가장 나쁜 수.

백 12까지 전멸하고 만다.

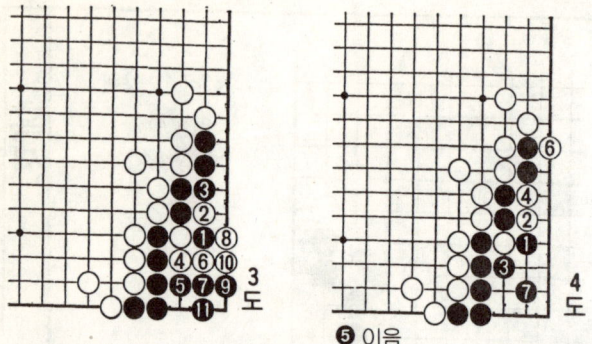

3도(맥) 흑1 단수에 백2의 끊음. 흑5, 7로 귀에서 살지만 5점이 잡혀 손해가 막심하다.

4도(후퇴) 흑3에 백4, 다음에 7의 지킴이다.

1도에 비해 14집이다.

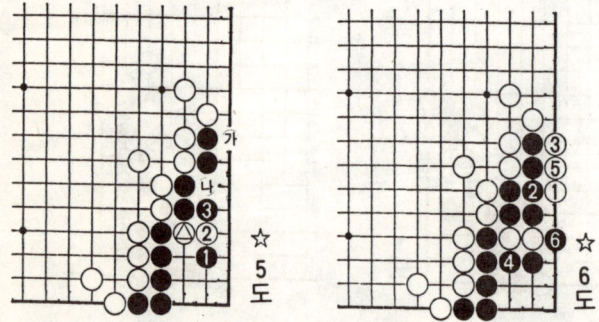

5도(수 없다) 흑1에 백2는 흑3으로 그만이다.

백⑦에는 흑㉯로 잇는다.

6도(낙수) 전도 다음 백1의 치중이면 이하 6까지 된다.

1도와 비교하면 선수 3집 끝내기다.

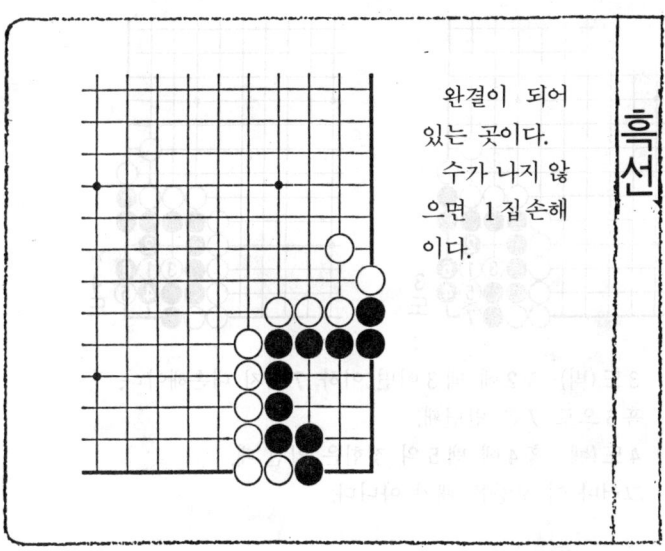

완결이 되어
있는 곳이다.
수가 나지 않
으면 1집 손해
이다.

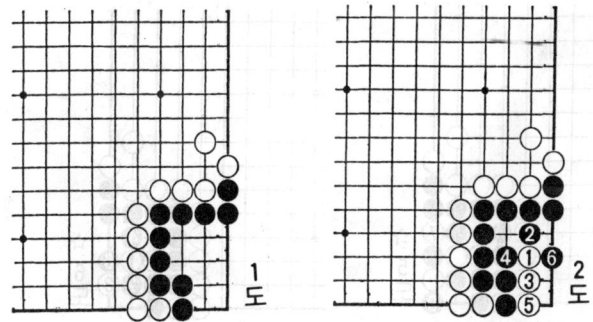

1도(불요) 결말이 나 있다면 두지 않는 것이 보통이다.
대단한 각오가 있어야 한다.
2도(급소) 백1의 점을 생각해 본다.
이것은 백6 까지 묘미가 없는 모양이다.

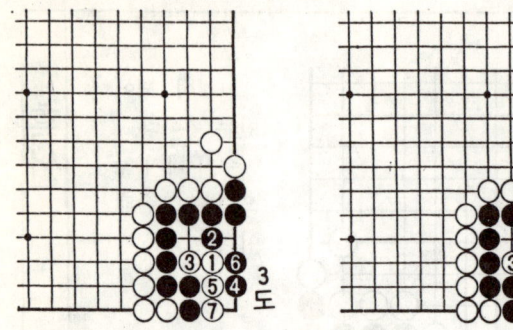

3도(빅) 흑2에 백3이면 이하 7까지 대손해이다.
흑6으로 7은 만년패.
4도(패) 흑4에 백5의 젖힘은 일견 패.
그러나 이 모양은 패가 아니다.

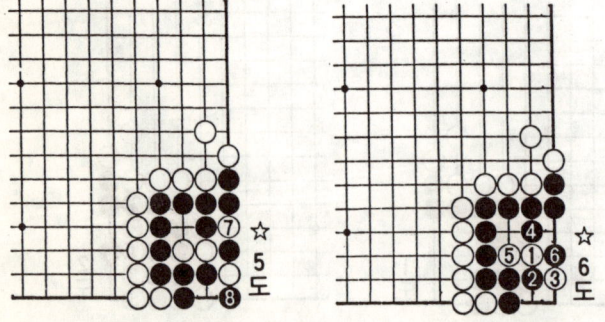

5도(양패) 전도에 계속하여 백7이면 흑8로 귀에 집어
넣어 양패이다.
6도(내려섬) 흑2의 내려섬에서 4까지가 수순이다.
주의해야 한다.

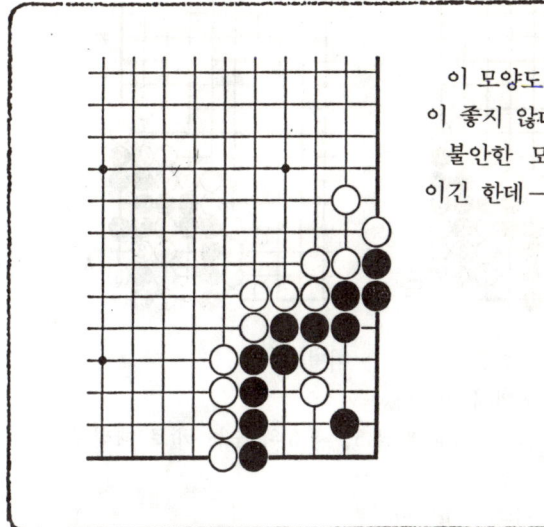

이 모양도 맛
이 좋지 않다.
불안한 모양
이긴 한데— ·

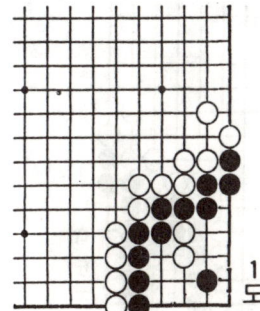

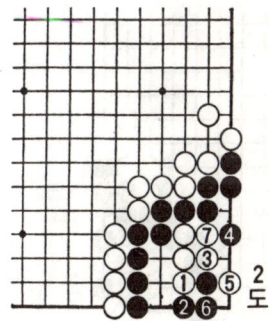

1도(불요) 이 모양도 손을 쓰지 않는다.

흑집이 17집이다.

2도(빅) 백 1로 행동개시면 이하 7까지 빅이 나는 모양
이다.

후회해도 늦는다.

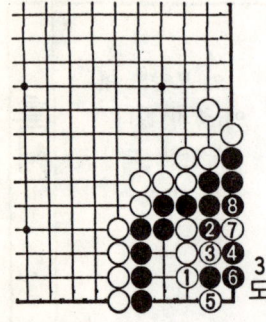
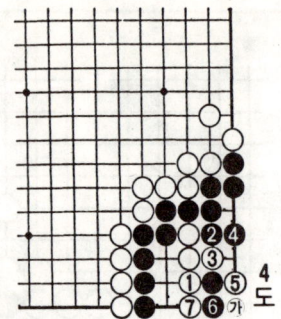

3도(빅) 흑2로 두는 것은 어떨까.

백3에서 7까지 빅이다.

4도(마이너스) 흑4에 백5, 흑6의 수는 ㉮로 때려 손해이다.

17집 마이너스 3집이다.

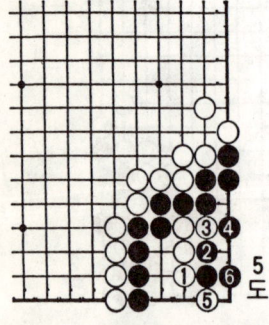
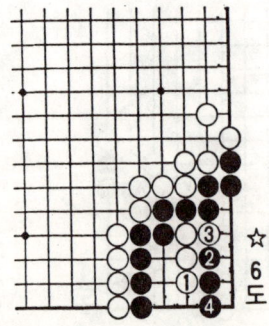

5도(빅) 흑2에 3으로 내린다.

4로 건너가면 백5로 젖혀 6까지 빅이다.

6도(수 없다) 백1에 흑2는 필연.

백3에 흑4로 귀쪽을 뻗는 것이 정수다.

17집의 흑집이 온건하다.

판 권
본 사
소 유

10. 끝내기에서 이겨라

2013년 3월 15일 인쇄
2013년 3월 30일 펴냄

옮긴이/ 프로바둑연구회
펴낸이/ 최　상　일
펴낸곳/ 구.진화당(태을출판사)
서울특별시 중구 신당6동 52-107 (동아빌딩내)
등록/1973년 1월 10일(제4-10호)

＊잘못된 책은 구입하신 곳에서 교환해 드립니다.

■주문 및 연락처

우편번호 ①⓪⓪-④⑤⑥
서울특별시 중구 신당6동 52-107 (동아빌딩 내)
전화 / 2237-5577　팩스 / 2233-6166
ISBN 89-493-0327-2　　　　13690